上海新城
Shanghai New Towns

追寻蔓延都市里的社区和身份
Searching for Community and Identity in a Sprawling Metropolis

主编／哈利·邓·哈托格
Edited by Harry den Hartog

同濟大學出版社
TONGJI UNIVERSITY PRESS

图书在版编目（CIP）数据

上海新城 ／（荷）哈托格主编 ；李 等译. —— 上海：同济大学出版社，2013.12

书名原文：Shanghai new towns

ISBN 978-7-5608-5267-6

Ⅰ. ①上… Ⅱ. ①哈… ②李… Ⅲ. ①城市化－研究－上海市 Ⅳ. ①F299.275.1

中国版本图书馆CIP数据核字（2013）第201829号

上海文化出版基金资助项目

上海新城：追寻蔓延都市里的社区和身份

Shanghai New Towns: Searching for Community and Identity in a Sprawling Metropolis

主编 哈利·邓·哈托格

Edited by Harry den Hartog

责任编辑 孟旭彦

责任校对 徐春莲

装帧设计 张 微

出版发行 同济大学出版社（地址：上海四平路1239号
邮编：200092 电话：021-65985622）

经 销 全国各地新华书店

印 刷 上海丽佳制版印刷有限公司

开 本 787mm×1092mm 1/16

印 张 19.5

字 数 390 000

版 次 2013年12月第1版 2013年12月第1次印刷

书 号 ISBN 978-7-5608-5267-6

定 价 138.00元

前言
Preface

展望上海城市空间的发展

自 20 世纪 80 年代中期以来，大规模的城市建设使城市的快速发展，表现为城市建成区的迅速蔓延。城市正以每年大约 1 公里的速度从中心向外围延伸，中心城继续以圈层式向外拓展，尤其是中心城以西地区，成为建设活跃地区。自 80 年代中期开始，上海着手探讨并调整城市的空间结构。1985 年上海市城乡建设规划工作会议提出了多中心开放式结构的理念，并在 1999—2020 年上海市城市总体规划中予以实施。2003 年以来，更是注重城市空间结构的战略发展研究。

1990 年浦东的开发与开放，标志着上海已经进入一个再城市化的时期。再城市化意味着从整体上提升城市的竞争力，奠定坚实的文化基础，使文化成为城市发展的动力，使文化成为地方经济的组成部分。建设创意城市，注重城市的环境品质，建设良好、高效的基础设施，提高城市居民的生活质量，完善城市的公共服务体系。同时，城市经济采取科学的增长方式和可持续发展的方式。

上海在城市产业结构重组的同时，正在进行城市空间结构的全面重组。由于浦东的发展，使黄浦江成为城市空间的核心，带动了黄浦江两岸自 2000 年以来由生产性岸线向公共开放空间的转型，从而举办了上海 2010 年世博会。城市的空间布局和战略发展始终是总体规划研究和编制的核心内容，上海也成为世界关注的焦点。

城市空间结构最突出的战略性变革是从单一中心结构演变为多心组团式结构，发展公共交通，尤其是轨道交通系统，从独立于周边地区的发展到融入长三角地区的发展，从关注中心城区的发展到中心城和郊区的共同发展，从单个的历史建筑保护发展到对历史文化风貌区的保护，从忽视城市环境到注重城市的环境品质，注重生活质量。

自 2000 年以来，上海更集中地关注郊区的发展，成为影响未来城市发展的战略步骤。“一城九镇”的规划建设试点在规划层面上引发了中心城与郊区协调发展的问题。2003 年上海市规划工作会议提出了中心城和三个辅城的概念。这一年，上海市政协还组织了对上海大都市郊区发展模式的课题研究。2006 年规划工作会议提出了“1-9-6-6”城镇结构体系的设想，即 1 个中心城，9 个卫星城，60 个中心镇和 600 个中心村，在“一城九镇”试点经验基础上，对中心城和辅城的规划结构概念的深化与发展，将规划覆盖 6 340 平方公里的市域范围，使上海的土地利用结构和空间布局进一步优化。

2008 年以来，城市总体规划和土地利用规划两规合一，土地资源的集约化利用和综合利用效益是规划管理关注的目标。土地利用方式由粗放单向型、外延扩张型向集约循环型和内涵挖潜型转变。

为了疏解中心城人口，合理布局城市空间结构，促进产业发展，提升城市品质和城市化水平，在原有的“1-9-6-6”城镇结构体系的基础上，上海正在加快郊区的新城建设。城市发展的重心逐渐由中心城区向郊区转移，一些新城诸如南汇新城已经初具规模。2008 年以来又结合虹桥交通综合枢纽的建设，规划了总规模为 86.6 平方公里的虹桥商务区。随着浦东新区行政区划的调整，浦东地区的规划调整也提到议事日程上。自 2009 年以来，为了聚焦新城，统筹城乡，加快推进郊区城镇化发展，上海市城市规划和国土资源管理局着手研究新城规划的战略布局，重点规划了用地规模为 77.6 平方公里的嘉定主城区，用地规模为 85 平方公里的青浦城区和用地规模为 61 平方公里的南桥城区。这些卫星城将发挥综合的城市功能，将产业发展与城市生活的协调发展作为建设的核心。

今后相当长一个时期，上海的城市规划和城市建设的发展目标将是统一规划，在 2010 年世博会的辐射效应推动下，继续调整并完善城市的空间结构，制订生态保护规划，控制并集约使用建设用地，重视二次开发城市建设用地，提高城市土地的效益，发挥对长三角地区和长江上游地区的辐射与集聚作用，融入长三角城市群的一体化发展，建设地区副中心和城市核心地区。

郑时龄
中国科学院院士
上海同济大学建筑与城市空间研究所所长
上海规划委员会城市发展战略委员

农村城市化

Urbanization of the Countryside

哈利 · 邓 · 哈托格
Harry den Hartog

1 约翰·弗里德曼《中国的城市化变迁》，美国明尼苏达大学出版社，2005年。据弗里德曼分析约五分之一的城市人口增长是由于户口制的转制。

2 "新天地效应"是一个众所周知的例子。2004年，新天地的老式市民阶层住宅区被改造成了一个满是奢侈品商店和高档餐馆的区域。新天地的商业成功及其导致的中产阶级化已经被中国其他城市积极效仿。

3 麦肯锡全球研究院《为中国亿万城市人口做好准备》，2008年3月。

在中华人民共和国住房和城乡建设部（下文简称住建部）看来，城市化是现代化的引擎，城市居民会增加消费，有利于经济发展；城市从公共设施、生产和分配方面来说也更有效率。城市也是创建"小康生活"的途径，最终会为大众创造更好的生活水准。据国务院前总理温家宝的报告，到2020年这一目标必须达到。自邓小平1979年审慎的"对外开放"政策以来，数以百万计的人口涌向城市寻求更好的生活。为了缓解城市压力和疏解老城区的拥挤，数百个"新城"、"新镇"和"新村庄"相继建造，大小从几十万到几百万居民不等，也正在全国范围内取代农业土地。似乎上海的农村忙于出产钢铁和混凝土，代替了水稻种植。当人们在"城市力量"中追寻"社群"和新"身份"时，下列问题也就呼之欲出了：如何引导城市化的方向，以便从本质上改善所有人的生活条件？富饶的农业用地如何得到保护？在这一进程中，规划师和城市管理者的职责何在呢？

作为引擎的城市化

中国目前正高速地从农业社会向具有国际导向的、超级现代化的城市化社会转型。城市化发生在各个方面：行政（户口）、经济（从农业经由工业到服务业）、物质（住房、基础设施和卫生）以及日常生活。此外，政治的权力下放和公私合作也可看作是随城市化而出现的方向。[1] 虽然世界上大多数国家和地区的人口已主要居住在城市里，但根据中国国家人口与计划生育委员会的近期计算，这样的人口分布在中国最早也要等到2015年才能实现。据中国官方媒体预计，未来15～20年，城市居民将会增加3亿。

1990年，邓小平视察上海时把这座城市称为"龙头"，即推动中国经济的引擎。尽管被全国上下时刻不停地审视，上海和上海人却依然起到了表率作用：这里的创新往往被其他城市效仿。[2] 自2001年中国加入世界贸易组织，城市和乡村之间的关系快速改变。城市所期许的更好的生活、更多的就业机会、繁荣和幸福，吸引了大量人口流向城市。每年大约有30万新移民涌入上海这座直辖市。

上海的发展进程与西方大都市有着完全不同的轨迹，此种不同不仅仅是在速度和规模上。作为一个有经济实力的后现代大都市，上海在某种程度上也处于前工业化或早期工业化阶段。同许多其他中国城市一样，同时受到发达（后）工业国家存在的问题和发展中国家的问题（如许多居民没有私人卫浴设施）的困扰。除此之外，上海还需要应对供水、污染、建筑质量、人口老龄化、海平面上升和地面沉降，以及技术人员严重短缺等诸多问题。

有一种看法认为城市化是一种手段，可用来更好地管理人口流动、环境和能源问题。它也为教育、现代化与文明建设提供更多机遇。建筑紧凑就可节省公共开支。麦肯锡全球研究院的研究[3]预示，城市化不仅对中国，对全世界来说也是巨大的经济机遇。该研究院分析，城市空间聚集会强化经济网络，产生较高的人均国内生产总值。

长江三角洲城市区域群体控制和去中心化扩散

自20世纪90年代初以来，上海市内几百平方公里的土地得到（重新）开发。目前看来，这一增势还没有停止的迹象。同西方城市不同，上海已成为一个人口密度极大的城市。中心城区的拥挤程度竟然达到每平方公里5万居民（密度是阿姆斯特丹的10倍），郊区面积也大大扩展。郊区人口密度特别高，甚至超过大多数西方城市的中心区域。尽管中国采用结构紧凑的建筑方式，三角洲地区肥沃的农业用地还是受到威胁。

长江三角洲是中国主要粮食作物——水稻的最重要种植区域之一，也是中国最重要的水资源地。

为了减少交通堵塞和保护农村，20 世纪 80 年代末，上海采取了城市去中心化分散和紧凑型新城市发展模式，并选择发展新城镇和新农村。住建部意识到去中心化分散战略带来的问题，但是无法找到既针对城市的吸引力，又可改善大部分人生活质量的解决之道。城市已经不能再增长或再密了，因此，疏散似乎是唯一的解决办法。新的定居点是为了安置大量涌入的农村移民工和城市现有一部分动迁户，达到解决交通拥堵和提高生活质量的目的。[4] 此外，老工厂被迁到城郊的工业园区。为了招商引资和发财致富，新城纷纷寻找自我区分的方案，从具有吸引力的金融条款到利用标志性建筑打造国际都市形象等。

4 在上海，甚至保护城市的历史遗产都被用来当作理由之一

上海的诞生

要了解当代上海的发展，需要知道其城市规划历史。上海形成于中国大动脉之一的长江出海口——这一战略地理位置使上海成为长江三角洲都市区最重要的中枢。几千年来，这块富饶的地区一直有人类居住。13 世纪，作为当时中国的纺织业中心之一，上海达到其第一个鼎盛时期。自那时起，这座地势低平的城市，部分借由一个堤坝和运河体系，通过沉积和填海造陆扩展其朝向大海的那一部分面积。顾名思义，上海的字面意思即“向大海”或“海上”。

19 世纪末到 20 世纪初，上海经历了第二个全盛期。西方国家侵略中国，在以获取开展贸易活动的机遇为目的的两次鸦片战争（1839—1860）之后，美国（1843—1943），英国（1845—1943）和法国（1849—1943）先后在上海建立租界。这些国际自由贸易的飞地划界分明，位于老城墙之外，有自己的管理体系。在这个繁荣期，西方建筑师建造了包括沿外滩的银行大楼群在内的几十座标志性建筑。作为国际贸易枢纽的上海经历了爆炸性增长。极盛时的这座城市有 300 多万居民，仅次于伦敦和纽约——地球上最重要的金融中心。自那时起，上海继续充当中国与世界其他地区最重要的“桥梁”。

1928 年，上海被赋予“特别市”的地位，与省平级。不久，拟在东北部兴建新的城市中心，远离租界但接近黄浦江和长江口，即所谓的城市中心区。以《城市中心区规划》（1929）为纲要的《大上海规划》（1931）奠定了战后上海城市规划的基础。该规划的重点是基础设施（道路、设施和卫生），包括在黄浦江上修建大桥的提案。该计划由于地产价格上涨和经济衰退而未能得到实施，接着便爆发了抗日战争。

自 20 世纪 30 年代初以来，上海的传统是制订一个总体规划来指导城市的有形发展。在 1953 年，中国效仿苏联，开始制定省级行政区和国家两个级别五年计划，以便组织社会和经济发展。

有限的城市

战后不久，《大上海都市计划》（1946）规划了第一批卫星城镇。该规划把上海划分成城市地区（中心城市）和市政管理区（农村）。灵感部分来自瓦尔特•克里斯塔勒（Walter Christaller）和埃比尼泽•霍华德（Ebenezer Howard）的想法，通过在农村建立一些卫星城镇，力求人口集中的城市采用去中心化分散策略，但在功能和空间上还是通过一种叶状结构与中心的“母体”城市相联系。

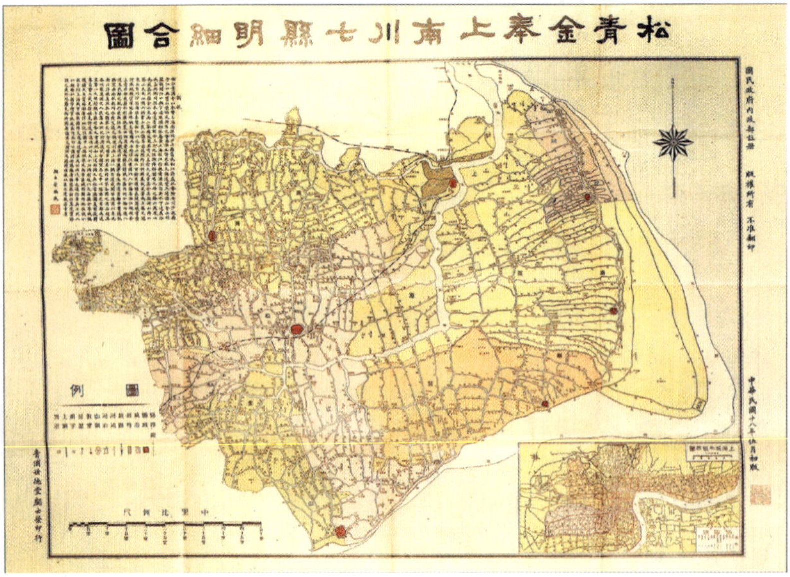

1

2

3

1
上海市松江县、青浦县、金山县、奉贤县、南汇县及川沙县（约1928 年）

2
1843 年以来的外国租界

3
受西方影响的上海南京东路建筑（摄影 /G. Lanning & S. Couling, 19 世纪 20 年代）

4
1930 年总体规划——在远离租界地建立新中心的建议

5
上海新中心的土地出售提案（1931 年）

6
土地价格分布图（1944 年）

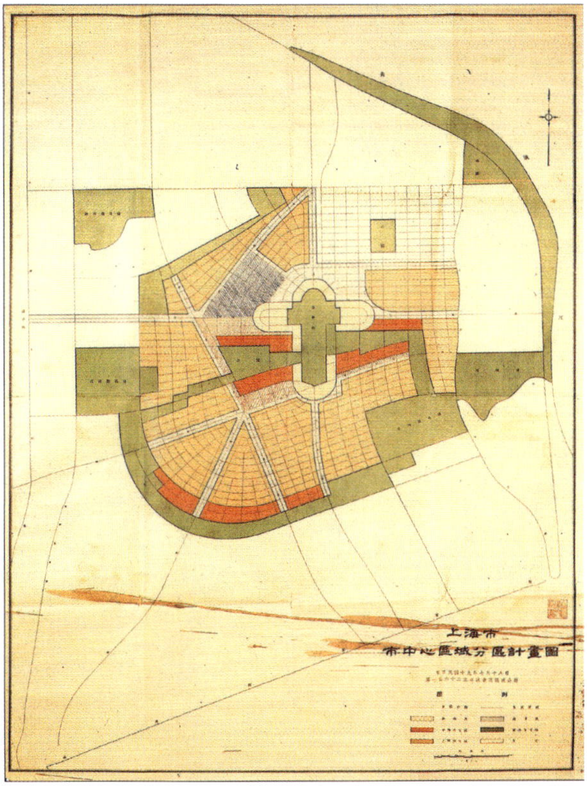
上海市
市中心區域分區計畫圖

4

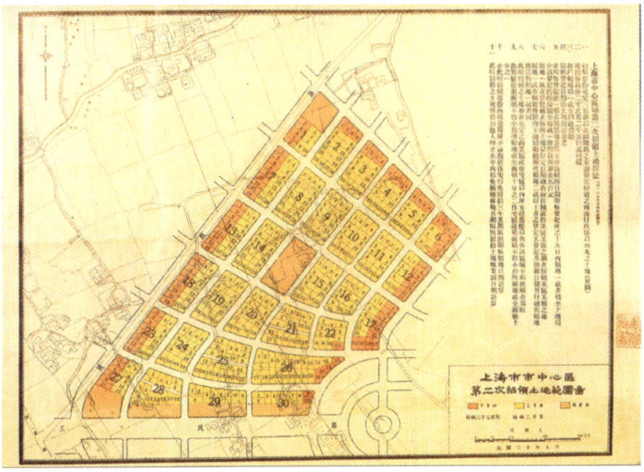
上海市市中心區

5

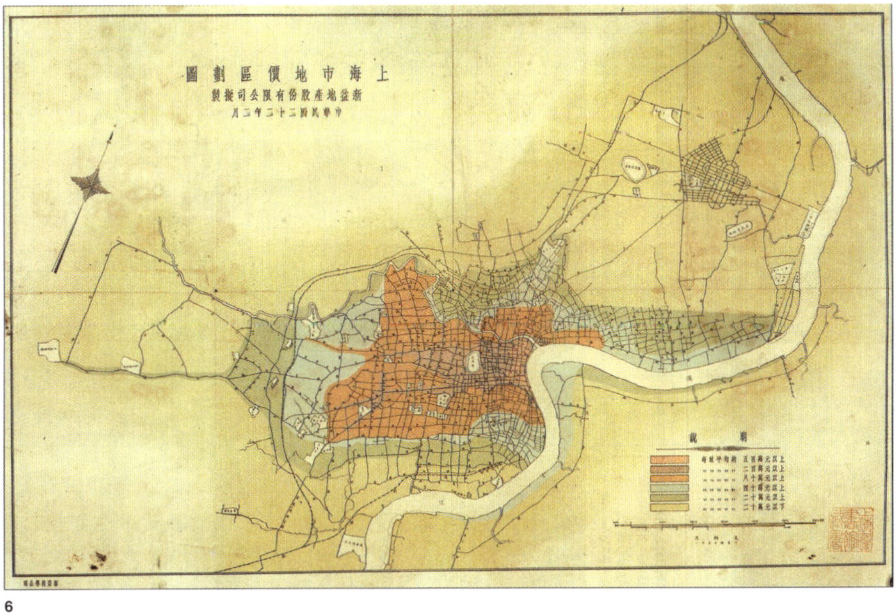
上海市地價區劃圖
新益地產股份有限公司擬製
中華民國二十二年二月

6

5 参考 224 页和 282 页。

这也是首次制订对浦东（黄浦江以东地区）的具体规划。然而，在 1949 年新中国成立之后，这些计划很快销声匿迹了。

部分是为了应对外敌入侵，抗日战争期间及之后，直至 1949 年建立中华人民共和国，经历了几十年的相对封闭阶段。与此同时，那些年代的变革对城市和乡村都产生了深远影响。例如 1953 年的国家土地所有权转让等。

1949—1978 年间，中国政府的政策非常重视农业发展。一些评论家甚至认为那时的政策有反城市化的倾向。马克思和恩格斯在《共产党宣言》（1847）中写道，19 世纪欧洲城市的迅速发展导致农村更具依附性。他们认为，城市资产阶级已经把农村置于城市的主宰之下。这种资本主义城乡关系被马克思主义者认为是等级化的经济关系，导致农村处于被剥削的境地。同样，就马克思和恩格斯的思想而言，当今中国的城市被看作投机场所。由于房地产和职能的高度集中，市中心价格被推升，这种效应就像油渍般快速蔓延。政府为了保留农业用地，已开始在上海这样的城市通过限制城市扩张的可能性来模糊城乡区别。

在 1950 年，苏联在结束抗日战争中所扮演的角色间接导致上海市政府决定邀请两名苏联专家：希马柯夫（Simakov）和巴莱尼柯夫（Benenikov）共同探讨城市未来的发展。在他们的协助下，重新调整城市结构，生活和工作根据单位系统而更加紧密地结合起来，与苏联的微型市区相似。[5]1953 年，穆欣（Moshin）参与共同制订了新的总体规划，以“紧凑型社会主义城市”概念为基础。该规划重新设计和调整了上海的城市空间，但没有对城市外围地区进行设计规划。由于该计划看起来似乎并不可行，只有一小部分真正得以实施。例如，为政治聚会而建造的人民广场，该位置是旧上海的跑马场。

在 20 世纪五六十年代，依照苏联模式，新中国在农村建造了许多“工业社区”。这些社区一方面提供了（大量）工人家庭的住房；另一方面集中了（通常是）重工业，按照不同的功能划分成不同的区域。它们常常远离现有的城市，靠近工业所需的原材料产地。这种有计划的分散化策略是一种发展农村的手段。然而，由于偏僻的地理位置和单一片面的构成，这些城市区域缺乏活力和质量。

1956 年，在“一五”计划期间（1953—1957），国务院决定在区域规划中鼓励建造中小型城市，意在预防城乡之间的资本主义关系。分散工业可控制腹地，通过保护城市内或周边的农业用地，可优化新鲜农业产品的运输。“大跃进”运动（1958—1961）旨在通过工业化和农村结构调整，完成人民共和国向现代社会主义社会的转型。作为“上山下乡”运动的结果，许多人离开城市到农村工作以缩小城市和农村的文化和等级的差别。

1959 年，上海开始在其近郊和远郊规划并建设工业区和卫星城。上海市人民政府邀请中国专家起草新的总体规划。这一规划将中心城与行政区域区分开来。当时的用意是城市区中心分散化，以一种稳步控制的方式在临近区县开发新城镇，这样可使城市逐步现代化。城市拥堵通过外迁旧城区老工业企业的方法来得到缓解。规划的工业区与中心城的边界相衔接，有时也包括一些工人的宿舍区。同时上海一些远郊区的卫星城也初见端倪，像闵行和吴泾，都极具社会现实主义的风格。卫星城距离中心城 20 公里是最佳距离，一般靠近主要交通设施，可最大限度利用政府投资。根据市政府的方针，一个最理想的卫星城需满足 5 万 ~ 20 万人居住。该规划还在新工业和卫星城周围设计了绿化带。原属江苏省的一些地区也被划入上海，由市政府直属管辖，以便为分散政策下的卫星城提供建设空间。尽管该计划不久就被停止，但这一时期的城市发展可以看作是 20 世纪八九十年代上海城市规划的先驱。

7
西方国家侵略中国，在以开展贸易活动为目的的两次鸦片战争（1839—1860）之后，美国（A）、英国（B）和法国（C）先后在上海建立租界

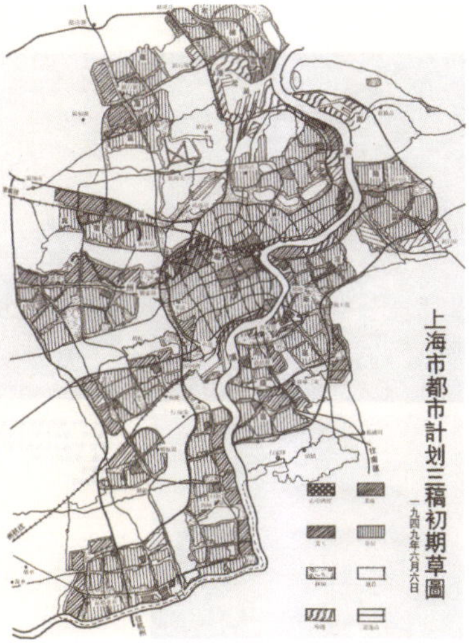

8

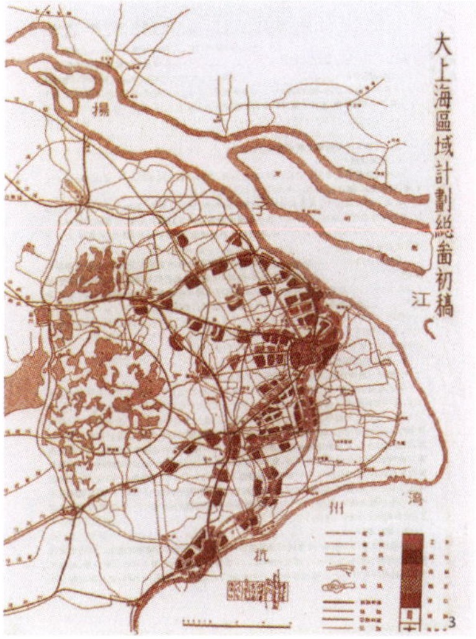

9

10

11

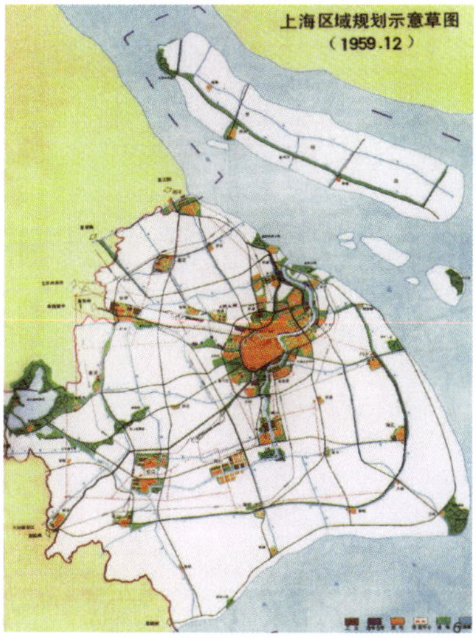

12

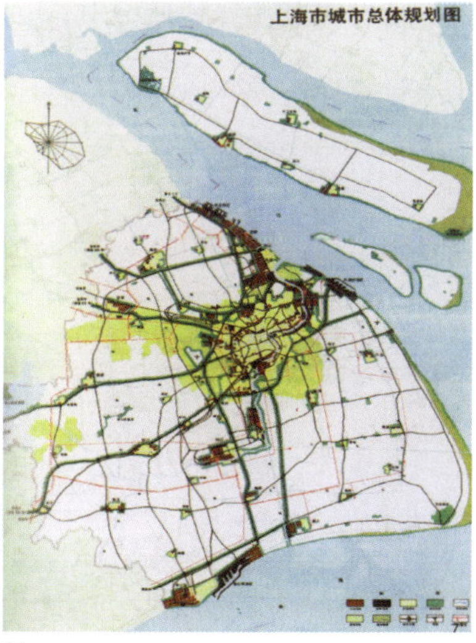

13

8
中心城和郊区的总体规划(1946年)

9
上海市总体规划（1946 年）

10
中心城和郊区的总体规划(1953年)

11
中心城和郊区的总体规划（1959年）

12
上海市总体规划（1959 年）

13
上海市总体规划（1986 年）

1843年

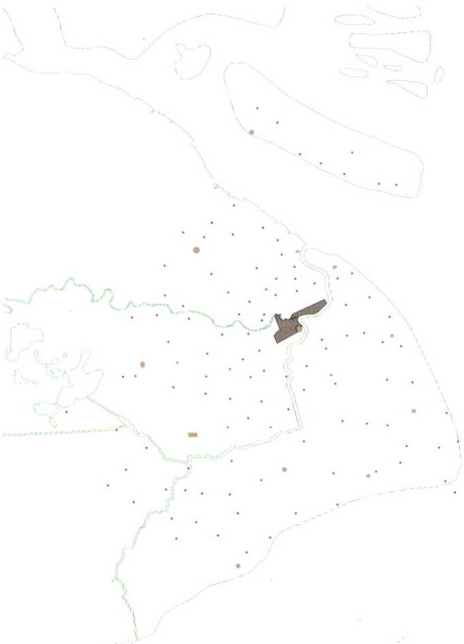

1949年

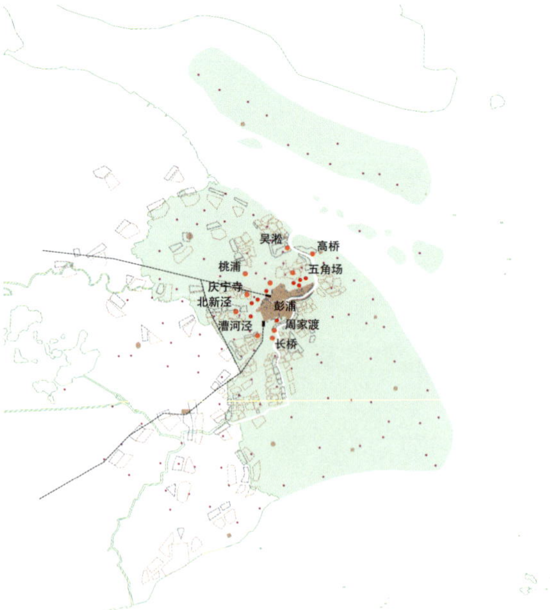

2001年

2006年

1843 年
鸦片战争（1839—1860）即一些西方国家为了获取商业机会而侵略中国，最终导致1843年上海殖民地的建立。由于外国投资，该城市开始爆炸性地扩张。

1949 年
1949 年中华人民共和国成立。上海郊区建立了几个“工业区”和配套宿舍，但是绝大多数工人仍然愿意居住在市区，并来回通勤。

1979 年
1958 年 7 个卫星城被建造用于工业外迁。在“文化大革命”时期，建造了几个带有小型工业的集体农场建造（每个约 1 万居民，城市年轻人到农村“上山下乡”）。

1995 年
1990 年邓小平提议发展浦东经济特别开发区。1994 年上海高架和地铁网络开始建设。自此，揭开了大量城市人口迁移和老社区拆迁的序幕。

2001 年
2001 年“一城九镇发展规划”（1999—2020）作为 1-9-6-6 策略的试点项目酝酿。

2006 年
2003 年 10 月发展重点转向临港新城、松江新城和嘉定新城。“一城九镇发展规划”在 2006 年中止。

2010 年
轨道长 426km 的上海地铁是世界最长的地铁。2020 年前上海地铁的长度将会再度翻倍。地铁将成为未来发展中的主角。

2020 年
根据前国务院总理温家宝宣布，2020 年“中国城市”将是一个“小康社会”，并可为所有人提供更好的生活标准。

1979年

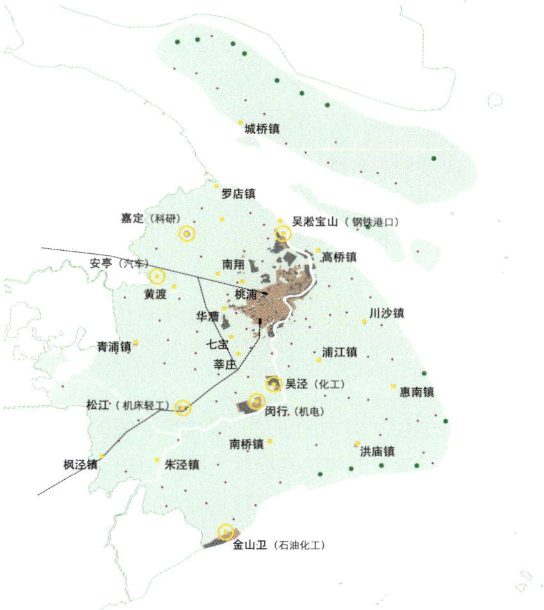

1995年

2010年

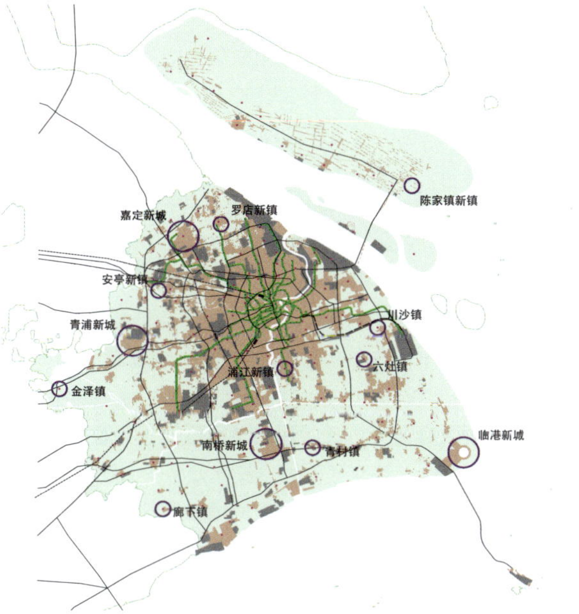

2020年

旧城镇

外国租界

市区

工业

铁路

总体规划（1946/1986年）

至1949年以来的工业园区

工人新村（1952年）

地铁

高速公路

经济特区

集体农场

1957年总体规划以来的卫星城研究

建造的卫星城

1-9-6-6战略

一城九镇发展规划

东滩生态城

临港海港新城

重点地区

磁浮示范运营线

6 该岛被政府指定为可持续性发展的试验田，并保留其郊区的地位（参考城桥新镇和东滩生态城项目文章）。

“大跃进”戏剧性地结束和“文化大革命”（1966—1976）的开始却抑制了中国城市和新城镇的发展。曾经的决策者和知识阶层中有许多人离开了城市下乡工作。因为缺乏国家的支持，一些城市甚至出现了萧条。

1978 年，上海市政府一方面呼吁限制城市进一步发展，而另一方面却为小城镇的发展提供更多的激励政策。80 年代，在邓小平 1979 年审慎地重新对外开放之后，上海几乎没有任何发展项目，除了宝山和金山发展的钢铁和化工业蓬勃兴起。1986 年，新的上海城市总体规划方案确定，并第一次设定长远目标（直至 2020 年）。该方案旨在把上海发展成为经济、科学和文化中心。城市可沿长江三角洲两翼发展，用基础设施联系（往杭州和南京方向）。同时规划了 7 个同工业挂钩的卫星城市：闵行、吴泾、安亭、嘉定（科技）；松江、金山（石化）和吴淞 – 宝山（钢铁工业）。部分城市所处位置与 1959 年的总体规划一致。

上海中心城区将成为一个新社会主义城市的心脏，要求中心城区、郊区和新市镇互不依靠而独立运作。因此，7 个卫星城在行政上相互分隔。它们各自发展现有或新的大型工业企业。相关国有企业对新城区的发展和管理拥有很大的决定权，宝山以宝钢为主导，金山以石化行业为龙头。但社会的发展不可能以这种方式来促进，7 个卫星城的居民组成是相当单一的（教育程度低的工人阶层），城市缺乏活力。该卫星城计划在几年后中止。

经济特区

1990 年，邓小平到上海视察。他建议开发浦东新区，后来对上海乃至整个国家，都产生了深远的经济影响。继深圳（1980）之后，为经济和技术发展设立的“经济特区”通过《浦东新区总体规划》（1992）得到确立。在特区内，国际贸易再度成为可能。新的条件，如税收优惠等极大地吸引了国际公司，随之而来的是大量劳动力和冒险家的蜂拥而至，最终形成上海的第三个繁荣时期，并延续至今。

为了调节经济增长和城市化进程，上海在 90 年代初开始建造高速公路系统，有点像罗伯特 • 摩西（Robert Moses）在纽约的开创性快速公路系统，但在上海，高速公路由柱子支撑起来，在下面则是二级城市道路。1994 年，约 50 公里长的内环高架路开通。两年后，100 多公里长的外环线和 300 公里的长郊区环线公路动工。随着 2009 年崇明隧道的开通，第四条环线开始兴建并突破了直辖市的边界——郊环。同时，一个地铁交通网络也在兴建中：1 号线于 1995 年启用；数年后，2 号线投入运营。自 2007 年以来的地铁网络爆炸性增长。每年几十个地铁站建成。上海世博会开幕时，上海地铁网络总里程已超越伦敦。上海的愿景是到 2020 年，地铁总长度再翻一番。

上海作为整合的全球都市区的一部分

除了经济特区的设立，20 世纪 90 年代初的一些改革对城市空间有着显著的影响。自 1990 年以来，从政府处租赁土地 40 ~ 70 年（土地使用权）成为可能。外国公司也可在经济特区租赁土地。与此同时，公共住宅开始允许出售。“土地所有权”和“住房所有权”重新成为机遇，从而掀起了住房建设热潮。同时，20 世纪最后 10 年，直辖市内部改组行政区划，外环线以外的所有县被改成区。只有田园诗般的崇明岛仍保持了县的设置。[6] 第一代上海卫星城失败的主要原因是家庭登记系统：新居民由于搬迁而丢失城市户口。如今作为转制的结果，“新”

14

15

14
1960 年的大农村

15
人民公社化之后，江苏启东县的新农村。1979 年，中国的改革开始，集体农场（人民公社）取消。个人家庭获得土地自用，也可保留收益。这导致了私营小企业的出现

16

17

18

19

20

16
河南省的一家化肥厂（摄影 / 中国建筑出版社，20 世纪 60 年代）

17
集体农场

18
集体农场的轻工业企业

19
集体农场的住宅

20
闵行是最早的卫星城之一（摄影 / 中国建筑出版社，20 世纪 60 年代）

拥堵的中心城

大众
专业烫染店
可口可乐

城区居民可自动获得城市户口，并享有更多的权利，而地方政府也获得更多的行政自主权。

为了应对这些新的发展形势，1994 年上海再一次决定修改总体规划。[7] 新的目标是实现一个“现代化的区域城市体系”，实现最少达到 75% 的城市化率。该计划有一个假定：中心城区交通拥堵是城市所有问题的根源；但这一问题其实是由上海在整个长江三角洲的地位造成的。据当地城市规划师说，城乡的重新一体化是 21 世纪的首要目标之一。[8] 为了减轻城市的巨大压力，并使周边地区也受益于经济增长，提出用一个多核心区域网络 [9] 取代旧的集中制模式——一个以紧凑型新城镇为手段，最大限度地保护良田，抵制无序建造（城市扩张）的战略转移。市政府作出决定，拆除中心城区无序和年久失修的楼宇，代之以大规模的新建筑，以提高中心城区的生活质量。随之而来的是大量拆迁传统建筑的现象，虽然这些建筑缺乏基本卫生设施，却体现了上海独有的特征。空出来的空间用于建造高速公路、高楼和大型商场。价格上涨造成了都市中产阶级化效应：破败社区和污染工业园区（由政府大量补贴）迁移到郊区和外围的新城镇。新的精英阶层在都市中心区崭露头角。

新的设想在一个更大的整体中赋予不同内核以不同的功能，以便形成一个互补的城市体系，亦即“一个整合的全球都市区”。[10] 但这一分散型系统内部仍然存在界定明晰的等级结构。中心城市将继续被要求定位为具有国际魅力的政治、文化和经济中心。目前，中心城市以外地区的产出超过全市国内生产总值的三分之一，主要是依赖于工业。人们预期，今后几年这一比重将会大大增加。

早在 1999 年，《上海总体规划》（1999—2020）再次获得批准。首次提出了所谓的 1-9-6-6 模式，其战略包括复杂的等级制度：1 个服务业为导向的中心城市，9 个分散化的“重点城市”作为区县的行政中心（30 万 ~ 100 万居民），60 个小城镇（5 万 ~ 15 万居民）和 600 个中心村（平均人口 2 000）。[11]

这一战略的重要目标之一是：通过向外围区域重新安置 100 万人口，进一步缓解中心城市的交通拥堵。[12] 到目前为止，每年都有 5 万 ~ 10 万人得到重新安置。重点在于总容量可达 540 万人口的 9 个重点城市，又被进一步分为两类：3 个战略性选址的新城市（松江新城、芦潮港新城、金山新城）和 6 个毗邻“市级工业园区”的新城（城桥、宝山、嘉定、青浦、闵行和南桥）。所有新城发挥县或区中心的功能。

中心村是改组的农民城镇和乡村开发聚合点，是为安置农民而设置的。这与“建设社会主义新农村”和“财富分配”的国家政策相一致。换言之，把农民集体安置在相对紧凑的小村庄（通常是高层建筑），这样便于提供更好的基础设施并对增长实施调控。近年来，上海周边的农民在靠近主要的基础设施和城镇附近的苗圃和稻田之间，自己建造了成千上万的“小型居民城堡”，作为投资或为下一代储备。距离城市足够近的“聪明的农民房”经常被出租。这些建筑物的间距往往只有几厘米，反映了不愿同其他家庭共享个人财产的倾向。政府干预的结果就是，这些“聪明的农民”集中在中心村，以节省和有效地利用富饶的农业用地。不过，因为一系列复杂因素，如农民居住的中心村和劳作的土地之间距离过大，中心村概念的实施在上海市仍然不是一个紧迫任务。

主题公园城市化，一城九镇发展规划

1999 年，《上海总体规划》（1999—2020）根据进一步开放和开发上海为一个“社会主义现代化的国际城市”的目标进行了修订，城乡一体化和区域

7 在上海的第九个五年计划（1996—2000）初期获国务院批准。

8 与前上海市规划管理局局长夏丽卿的访谈，载于《理想空间》，2005 年 6 月。

9 部分地基于经典模型，如瓦尔特·克里斯泰勒的中心地带理论，巴黎周围的新城镇或在艾比尼泽·霍华德的花园城市理论基础上建设的伦敦周边的新城镇。

10 据世博园区总规划师吴志强介绍，这是萨斯基娅·萨森提出的“全球城市”的必然后果。

11 2006 年“1-9-6-6”模式被正式采用。

12 外环线完工的一个后果是城市与外围区域的关系被重新界定了，以至于中心城是外环以内的区域（约 600 平方公里，约 1 000 万居民），外围区域则被划在了外环以外（约 6 000 平方公里，约 1 000 万居民）

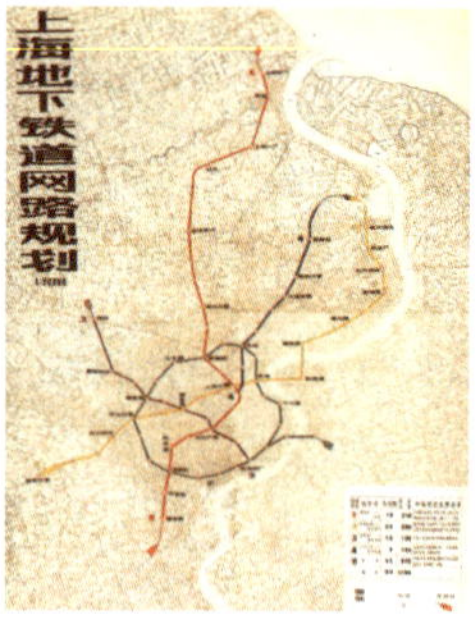

21

22

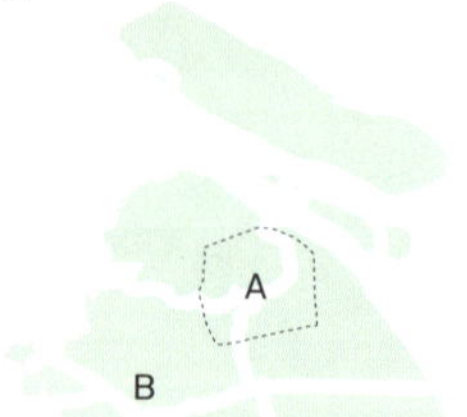

23

21
第一次规划的地铁系统（1960 年）

22
环市中心绿化带的第一次规划（1984 年）

23
A：中心城（位于外环线以内）现有人口 950 万（2010）面积 667 千平方米。A+B：上海直辖市（直辖市的地位与省一致）现有人口 1 920 万（2010）面积 6 341 千平方米

24

25

26

27

24
开放式商店（摄影 / 陈泰明）

25
普陀区老房内部（摄影 / 陈泰明）

26
拆迁将为"辉煌城市"创造空间（摄影 / 陈泰明）

27
回收和再使用（摄影 / 陈泰明）

老城区的拆迁

扦脚

阳光拆迁、政策透明、诚信

院内洗车

禁止入内

13 自“大跃进”以来，在农村（包括上海周边）建立了很多大型工业区域

城市多核系统成为先行任务。目标是恢复上海在 20 世纪初享有的国际大都市地位。中心城实施“双增双减”政策：更多的公共绿化与低密度的低层建筑相结合。这样，中心城市建设的速度相对放缓，郊区建设加大力度。在中心城市创造可供优化的空间，重点放在功能性和“软实力”上，如数十个位于废弃厂房（为创意活动提供了廉价空间）里的创意集合，或是将河岸辟为公共空间的工程。

同一年酝酿了作为 1-9-6-6 战略的试点项目的“一城九镇发展计划”（1999—2020）。其中，一个新城（松江这座原先拥有 5 万居民的旧卫星城镇的扩展）和 9 个战略分布的新城（平均居民在 3 万 ~ 10 万人之间，均匀分布于不同的区）是实验的一部分。为了新城能与中心城的都市特点开展竞争，上海市政府在 1999 年提出赋予这些“先导工程”示范性作用。市中心的国际建筑风格将延伸到郊区，具有“欧式空间和建筑特色”。起初，上海市规划管理局反对这一决定，理由之一是与曾经的“老牌帝国主义国家”租界区并不美妙的联系。但是，反对并未对决策造成影响。最终，规划者认识到就设计、建设和管理进行启发性的国际交流带来的机遇。设计的国际交流得以实现，但尚未顾及建筑及其环境质量与国际标准看齐。

中国绝大多数新城是建立在白纸的基础上的，仅仅靠迁移农民和抹掉老结构来完成。“新城概念”是以具有独立功能的“核”为基础的，与“卫星城概念”（与母城的依赖关系）相反，这些自给自足的新城社区离中心城较远，一般超过 50 公里，有些类似于老卫星城的概念，即新城往往与农村现有或新的工业园区衔接。[13] 例如上海国际汽车城，是围绕大众汽车工厂而建造的。大量的设施从中心城市迁移出来，工作机会也随之从中心城区流向外围，以避免住所与工作地的距离过大，这与“单位系统”颇有相通之处。类似的，松江新城安置了市中心迁出的 7 所大学和 10 多万学生、教师和工作人员，试图避免西方新城建设中出现的一些弊端，如新城最初成了通勤人员的卧城。

28

29

2001 年，“一城九镇发展规划”被列入上海的第十个五年计划（2001—2005）。在同上海有贸易往来的西方国家的建筑师和规划师之间进行了一系列的国际竞标。他们被要求就新城的发展提出自己的展望，并且提交精确到地块的战略规划方案；取决于具体工程，组成部分可以是新城内的商业中心，也可以是中高档住宅区。中标的规划将与中方设计研究院进一步合作。

外国设计师被要求形象化空间身份和自己国家的特质，这一任务有时被地方政府和开发商过于表面地理解。由于速度快、文化和地理距离的问题以及决策上的差异，并非所有设计师都提交了成功完成的规划。尽管图片非常吸引人，也存在很多“西方”的问题：如社会隔离，不连续的城市景观，（可利用）公共空间的缺乏特别明显。这不仅须归咎于中方合作伙伴细化处理不当，更是因为西方公司对当地情况和居住偏好方面的认知缺乏。

各种比赛的结果成就了具体项目：作为松江新城的一部分的英国泰晤士小镇，以及加拿大、德国、意大利、荷兰、北欧和西班牙风情的 7 个新城镇以及 2 个中国式新城镇，分布在上海的 9 个区内。规划中的第二个北美新镇（周浦）被取消。情况类似，不过不属“一城九镇发展规划”的新港口城市（临港新城）和生态城市（东滩生态城）也处于在建状态，这里也有同西方建筑师的紧密合作。东滩生态城的实施因政治原因而被搁置，但其他提到的项目都是分阶段进行，目前也都处于不同的开发阶段。

在整合的全球化都市区语境下，这一“额外的”主题层面具有以下几个目的。

28
上海市城市总体规划图（1999—2020）

29
上海城市雕塑总体规划（1999—2020）

30

31

32

33

30
2002 年“光辉城市”建成。这个曾经稠密而活跃，但长期面临卫生和工业污染问题的小区被 25 层的高楼群所取代（摄影 / 陈泰明）

31
今天，150 万平方米的区域居住了 4 万多居民。老居民部分被迁往郊区和新镇（摄影 / 陈泰明）

32
该项目大部分由中国远洋运输（集团）总公司（COSCO）房地产开发商投资。每平方米的价格自 2002 年以来已增加 2 倍（摄影 / 陈泰明）

33
当地政府认为“光辉城市”是城市再开发的楷模（摄影 / 陈泰明）

山庄
今日缘

冷饮批发

高峰

神仙酒
神仙酒专卖店
电话：021-67355106

兴建豪宅，吸引高收入群体因“欧洲生活方式”与城市绑定。针对的人群是越来越多的在自由经济区工作的中产阶级和海外留学归国人员。新城市规划相对宽敞，而且有充足的绿化。其用意是让西方的“乡间住宅”建筑式样成为旅游景点，让越来越多的城市居民在周末离开城市到这里的休憩区域和专为游客设计的运河小镇来，以避开市区的拥堵和恶劣的空气质量。这些新的主题城镇似乎带来了一种令人愉悦的变化，特别是新城镇美丽如画的区域现已成为流行的婚纱摄影的取景点。

对主题的使用可被看作是对缺乏认同感的一种回应，许多新城镇面临着相同的问题，但它首先是一个轻率的营销战略。该项目无论在中国还是国际上都受到诸多中肯的批评。就规划的背景和实施而言，由于媒体相互矛盾的报道，人们存在很多的疑问。主题化标识的地点不是完整的城市，只是有限的组成部分，如一个新城镇大背景下的社区或区域，或者就建在已有的市中心内部或与之毗邻。主题化标识的部分只是一个开端，[14] 为了激发更大规模的开发。

新中产阶级的形式语言除了揭示上海正在寻求与世界其他地方联系的纽带，还表明一个希望区别自己身份的新阶层正在形成。相关的国际主题影响已经在周边的标准化中式都市的大规模扩张地带激增。有几十个地方仿造了“欧式”街道和社区，往往用作兼具商铺、餐馆、咖啡店等等的商业中心之用。此外，政府机关、银行和酒店也刻意选择典型的“欧式”形式语言。

最近的方向变迁

自上海的第十一个五年计划（2006—2010）制订以来，城市总体规划再次得到优化。“一城九镇发展规划”被冻结。通过不同的“实验”之后，三个地方崭露头角：嘉定新城、松江新城和临港新城。三个新城人口继续增长到 70 多万或更多。这三个新城的地理位置同城区三个最为重要的经济通道重合：沪杭高速公路、沪宁高速公路和洋山深水港。

政府以建设“和谐社会”为目标，目前寄希望于继续中心城的现代化，保护耕地和优化空间结构，缩小城乡差距，开创开放空间网络（包括公共河岸、湿地和生态林）。现有的约 790 平方公里的分散工业用地将被重组为数量有限的交通极其便利的工业园，这样可空出 200 平方公里，可随后再次转为农业用地！同时，会增加为数众多的基础设施投资。指望未消减的城市化将继续刺激经济的增长。

拥有 80 万居民的松江 [15]，或多或少已“完工”，其进一步增长的空间有限。从 2010 年开始，所有的目光将投向青浦 – 朱家角、南桥新城和嘉定新城，每个新城预期可以保持 70 多万人口 [16]。其中，由于新扩建的虹桥机场枢纽以及良好的公路和铁路衔接，嘉定新城有望走向繁荣。南桥的发展将更具有工业趋向。临港新城较预期增长相对缓慢（受国际贸易衰退的影响），目前居民是 20 万人，每年预期增加 10 万人。另外两个对空间有显著影响的规划是 2015 年周浦以东的迪士尼乐园，以及深海港口临港向“自由港”的转变。

摩擦

多核心的城市区域整合模式被视为实现上述所有目标的途径。同许多中国城市一样，上海也努力成为“生态示范城”。起初的计划是到 2020 年，至少 35% 的土地改造为开放式绿地（从 5 平方米 / 人提高到 15 平方米 / 人）。

实际上，规划范围内的绝大多数地区已经城市化。一个主要问题是，计划

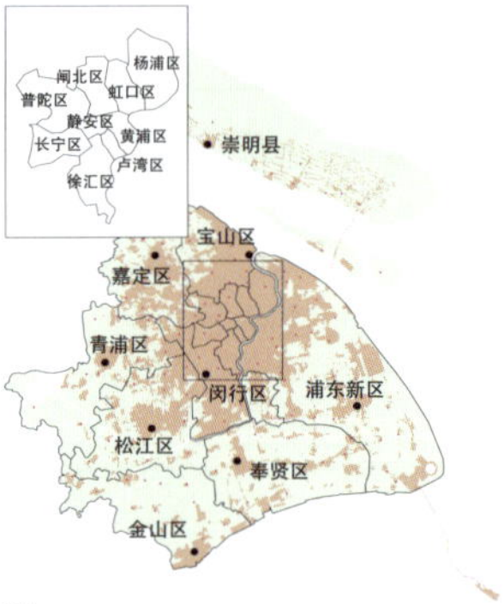

34

34
上海直辖市划分为 17 个区（非农业户口）和 1 个县（农业户口但城桥除外）。9 个最老的区形成上海市区（区别于以外环线为界的市中心）。新区（旧县）和崇明县各自都有其政府所在地。区和县进一步划分为镇或乡一级行政区（常与小区类似）。共有 3 437 个居委会和 2037 个村委会

14 这些主题区域往往只有几条装饰性的街道和一些餐厅、休闲健身中心和服装店。

15 主要是 2003—2005 年建成. 见本书周静的文章。

16 郑时龄认为，运转良好的新城最大的人口负荷在 70 万～ 80 万。

既赶不上人口增长的速度，也赶不上从中心城到郊区安置的需求增长速度。同时，投机造成低收入群体居住空间的极大短缺。半私有开发商主要追求利润化，大力兴建中产阶级和上层中产阶级所需昂贵的高档住宅。虽然已采取的一些措施遏制投机，努力同周边省市建立合作，推动实现长三角国际都市区的整合，但当地政府权力强大，大规模的空间协调发展往往困难重重，导致城市结构发展混乱。

由于中国的特殊国情，[17]“农村城市化”预计会持续，尽管劳动力成本、基础设施和设备的成本会相应增加。已经可以确认，地铁网络在未来十年翻一番才能保证城市正常运作。为了弥补前所未有的快速城市化，5 平方公里的世博园区在后世博时期将给未来的上海带来一个新的——希望是绿色的——本质的空间。我们更希望随之而来的是一个强调“回收利用”而不是“消费”的反思期。回收利用比开发农业用地更困难，但这是保护有限资源的唯一途径。

17 见本书中姜珺的文章。

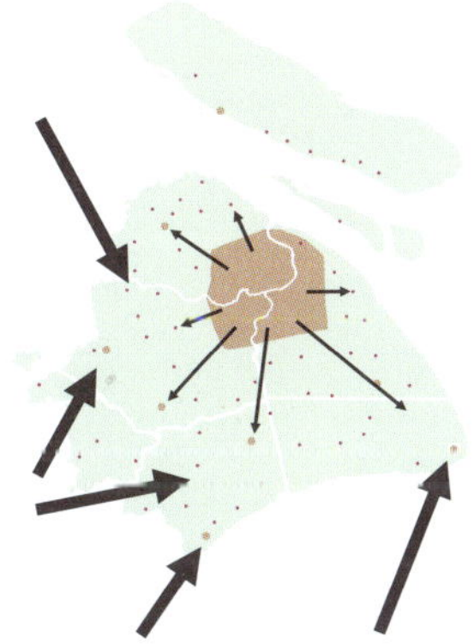

35

36

35
每年约 30 万新移民涌入上海直辖市。每年 10 万多居民从市区迁移至郊区和新镇

36
今天的上海农村（摄影 / 陈泰明）

从农耕中国到城市中国

中国城市化的文明基础、历史遗产和改革动力

From Agricultural China to Urban China

The civilization's foundations, historical heritage and reform impetus of China's urbanization

姜珺
Jiang Jun

中国的现代化通常被描述为一场在革命与改革交替作用下发生的历史转型，1949 年至今的 60 年则被划分为由毛泽东的革命和邓小平的改革所主导的前后两个 30 年。狭义的改革之所以区别于革命，是因其不动摇统治阶层的治理基础并维护其既得利益的渐进属性；而广义的改革则可视为是对一系列核心遗产的继续发展。革命只是漫长渐进的文明改革历程中更为激烈的一部分，大历史中的革命者也是文明的改革者。当代中国从大历史中继承的核心遗产主要包括 1949 之前的农耕中国遗产，1949 之后的社会主义中国遗产，而近 30 年的改革则是这些文明遗产与国际政经环境相结合的产物。如果把中国的城市化视为中国现代化的空间体现，从农耕中国到城市中国的转型过程则可视为建立在一定遗产基础上的“空间改革”过程。从生态、文明与大历史的角度来分析这种遗产基础，将有助于我们将中国城市化的巨变与冲突纳入文明演变的必然轨迹之中，梳理其背后的动力机制，从而对其未来作出更有价值的预测。

气候：双核农业体系

城市中国的前身是农耕中国。在迄今为止的 20 个世纪中，农耕中国领先于世界的时间长达 18 个世纪。这一经济奇迹背后是中国独特的气候要素。中国的地势同时拥有巨大的纬度跨度和海拔跨度——一方面覆盖了从赤道带到寒温带的所有气候区，另一方面也包含了由东南沿海平原向西北内陆高原逐渐增高的巨大势差。这种多层次的地理梯度不仅造就了举世无双的气候多样性，也造就了区别于其他几大古文明体的“双核农业体系”。即北方以种植粟、黍为主的旱地农业体系，南方以种植水稻为主的稻作农业体系。这两种分别在黄河和长江两大流域发展出的农业体系，共同创造出了“旱涝保收”的互补格局；而占据和控制着黄河和长江这一“双核”地区的中原，则成为中华文明的发源地。前者的稳定高产和自给自足为后者的延绵不绝和独立演变提供了物质保障。

地理：天堑中的文明

作为唯一一支延绵至今的古文明，中华文明持续独立的另一要素来自其地理条件。中国位于亚欧大陆东端，大陆东西两端之间由高原、戈壁与沙漠构成的“天堑”，则将整个大陆分割成相对隔绝的两极。在“天堑”以西，与中国广大的农业高产地区相平行的纬度地带为地中海所主导。海洋相对于大陆在土地供应上的不足，使其在同样的亚热带、温带等“农作纬度”上只能养活更少的人口；而海洋作为“天堑”的存在，却为地中海周边文明的地方割据、各自为政提供了条件，从而也孕育了其文化多样性，这使得亚欧大陆西端的历史成为中东、非洲、欧洲等环地中海文明的竞争史；地中海和中东作为三大洲交界和商贸十字路口，则成为各朝帝国的兵家必争之地。如果说亚欧大陆以西是“文明中的天堑”，亚欧大陆以东则是“天堑中的文明”，雄踞于此的农耕中国如同在天堑中偏安一隅的幸运儿，在高原、戈壁、沙漠、海洋的封闭围合下，仅仅通过修建万里长城的“人工天堑”就维持着巨大帝国的防务。长城以内的中国占据着东亚北温带的大部分地区，将其建立在黄河、长江两大流域基础上的“双核农耕经济”发展到极致，从而在“天堑围城”之中，演化成一种与生态地理条件高度吻合的农耕文明体。中华文明的绵延不绝，正是基于与“天堑”有关的两个地理条件：“天堑”在总体上的相对封闭，为文明的独立演化提供了屏障；“天堑”在局部上的相对开放，则为这种文明与外来文明的互动提供了通路。它不仅产生了“丝绸之路”等东西方文明交流的纽带，也因游牧民族越过长城

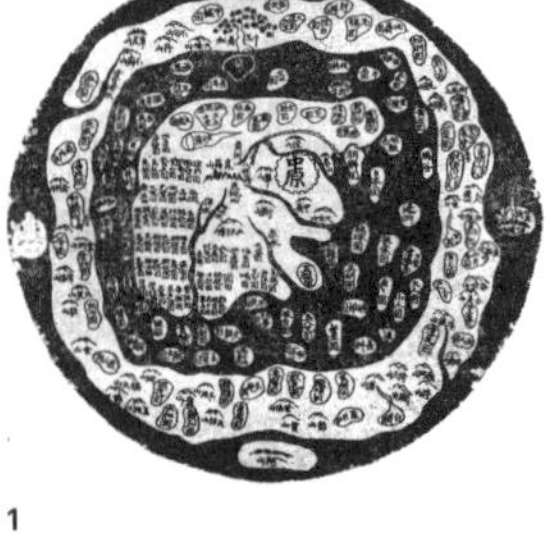

1

1
《山海经》中以中原为中心的《华夷图》，“华夷”即“中华—蛮夷”，其中“中华”的本义为“中原的荣耀”

2

3

4

2
青藏高原上的三代中共领导人头像（摄影 / 姜珺）

3
在大工业和大农业体系建设上，以及在平衡城乡、地域间经济发展上，毛泽东为中国留下了巨大遗产（摄影 / 姜珺）

4
1984 年国庆节，四川德阳的各乡农民涌进城市看热闹（摄影 / 张新民）

的周期性进攻，为中华文明的自我升级输入新鲜血液。

领土：自我全球化

理解了这样一种经济地理结构，我们就理解了中国历史上“得中原者得天下”的逻辑根源，以及维护周边高原、戈壁、沙漠、海洋等地理屏障对于拱卫中原、保障生产的战略意义。现代中国在 1949 年建立时的最大成就，就是在历经了长达一个世纪的频繁战乱之后，仍然相对完整地保留了中国的领土。领土完整对于中国不仅具有地缘上的政治与军事意义，更因其蕴涵的生态多样性而具有无可估量的资源意义。气候多样性为农耕中国的自给自足提供了保障，生态多样性则为中国城市提供了包括水利、矿产、煤炭、油气、稀土等在内的丰富资源，因而也得以具备了与农耕中国时期相似的，与全球化抗衡的“自我全球化”条件。同时，中国广阔的地理纵深不仅能够在外向型经济时期将沿海平原作为发展空间，在闭关锁国的内向型经济时期，仍可以以深藏于西南山区的成都平原为中心，在广阔的腹地中展开其独善其身的避险空间。历史上中国曾将自身所在的土地称为“天下”，生态多样性所赋予其文明环境的包罗万象，正是“天朝上国”自我中心姿态背后的底气；而这笔在中国的广袤领土中被继承下来的自然遗产，使得今天的城市中国在实现工业化和城市化的供需平衡方面，依然不失其“自我全球化”的优势。这一优势曾经是农耕中国自给自足的传统，毛泽东时代则体现为新中国在工业化和城市化模式上的自力更生，而在全球市场全面萎缩的今天，则体现为国家对内需市场的大力提振。

人口：海量廉价劳动力

以廉价劳动力为主体的海量人口是农耕中国留给城市中国的另一笔遗产。建立在周边地理屏障中的“双核农业体系”，使得农耕中国得以养活世界上最多的人口。但与此同时，不断增长的人口和有限的耕地之间也产生了矛盾。尽管擅长精耕细作的农耕中国在单位土地产量方面成就斐然，但在单位劳动力产量方面却始终表现平平。农耕文明的生产方式决定了其通过人口生产增加农业生产的人口增长模式，而农业生产所依赖的教育程度又决定了其人口生产的素质，从而也造就了其生产活动的劳动密集型模式。1949 年之后，中国一方面开始实行以军重工业为重心的资本密集型工业化，劳动密集型工业在“资本排斥劳动力”的内生机制中被抑制；然而另一方面，信仰人民战争、擅长群众运动的中国却并不控制人口的增长，由此导致的农村劳动力广泛过剩，成了 20 世纪 80 年代后中国工业化向劳动密集型工业转型的强劲动力。与此同时，国家已经开始通过计划生育控制人口，但邓小平时代却承接了毛泽东时代的人口红利。中国农村剩余劳动力的海量库存，不仅令“中国制造”保持着其他发展中国家难以企及的持久竞争力，也使得吸纳数亿农民进城的城市化进程具有举世无双的规模和持续性。对于中国城市，这些非农化的新移民不仅是实现工业化和城市化的建设力量，也将在未来成为广泛的内需市场。

5

5
深港之间由两种体制共享共治的“中英街”（摄影 / 姜珺）

政治：“大一统”

中国周边的地理条件不仅为农耕中国创造了一个富足的经济环境，也为其创造了一个稳定的政治环境。中国早在公元前 3 世纪就终结了因人口激增而导致的战国状态，并逐渐将中央集权的“大一统”体制发展成为此后两千多年中国政治的主流。相比之下，环地中海文明却由于海洋“天堑”导致的“群雄割

6

7

6
深圳经济特区是邓小平时代中国城市化的起点（摄影 / 姜珺）

7
以山西大寨为代表的人民公社，是毛泽东时代对“三农”进行的社会主义改造的典范

8
1960 年，著名国画家钱松喦、宋文治以及傅抱石等人描绘出新中国的巨大变化，也记录了冷战时期因结合备战需要而在中国山区进行的工业化图景（《扬子江上》国画 / 钱松喦）

9
20 世纪 60 年代工业城市攀枝花，成为毛泽东时代在中国腹地建设“煤铁复合型”工业体系的支柱（摄影 / 姜珺）（1931）

8

9

据”，“战国”成为贯穿亚欧大陆西端历史的常态。对于农耕中国，“大一统”的意义在于这种体制可以在一个高人口密度的社会环境中，以国家力量将整个亚欧大陆东端的水利资源加以整合，以确保黄河和长江这两条共同起源于西部高原的世界级河流，在中原土地上东流入海的过程中形成最大的经济效益。同时，通过对这种经济效益的再分配，弥补因生态环境差异而导致的经济社会不公。对于城市中国，“大一统”的意义则同样在于通过核心资源配置的高度集中，在发展极不对称的生态经济版图上实现地方之间的均衡发展。尽管中央集权在农耕中国有着漫长的历史，但“集中力量办大事”则是在 20 世纪 50 年代中央集权制度更为强化之后，才被逐渐确认为“社会主义优越性”。这一模式贯穿于社会主义中国的 60 年城市化历程，从毛泽东时代群众运动式的“全国人民支援上海”和“全国人民支援北京”，到邓小平时代以举国之力支援建设的特区实验和浦东开发，再到今天更大规模的环渤海开发和四川震后重建。此外，在南水北调、西气东输、北煤南运、西电东送等跨越全国的大型资源调配工程，以及网络化的高速公路和高速铁路等基础设施建设中，“大一统”国家政府的强势决策和执行速度，更展现了西方民主国家难以企及的效率。

国家：社会主义改造

农耕中国曾经以“家国同构”的方式，将中央政权与地方经济、权力的高度集中和财富的地方分藏结为一体，“大一统”政治因此可以借助盘踞一方的族裔力量实现地方整合。作为前现代社会最重要的遗产，建立在儒家传统上的中国家庭贡献了诸多无与伦比的现代性要素：尊卑有序的社会道德秩序、严格的家法体制、高度的教育普及率，以及稳定的文化持续性。与今天贫富悬殊的城乡二元结构不同的是，农耕中国的中央和地方、城市和乡村之间因儒家文化的同构作用，形成了相对平衡的对等结构；除了盐铁贸易等由国家垄断的核心资源之外，地方社会能够将垂向的宗族关系，渗透到生产、管理贸易和销售等产业环节，从而在整合的产业链上建构起族裔利益的共同体；继而在这种共同利益基础上，通过宗族纽带兼顾教育、医疗、养老等社会保障职能。然而，市场经济权利的分散和地方宗法社会的稳定性固然成就了农耕中国的城乡统筹，其跨朝越代的稳定性也成为阻碍其实现向工商文明转型的内在惰性。20 世纪 50 年代中国组织的社会主义改造是国家权力对地方社会的渗透与重组，其力度直接深入到基层社会的每一个家庭内部。整个社会人群按照“家庭出身”重新划分，“单位”和居委会作为国家借以完成基层管制的“中间组织”，替代了以豪门望族为中心的地方排他势力，从而在地方实现了外来控制。在新型国家力量的强势主导下，农耕中国盘踞地方社会的宗法组织被整体解构，以宗族为纽带的垂向组织被改造成为以产业工人为主体的横向经济组织，从而从根本上为中国的工业革命，以及从农耕中国向城市中国的转型扫清了障碍。

工业：大工业体系

社会主义改造不仅继承了实行工业革命所必需的人力、土地和资金等资源的配置权，而且也使得国家得以把农耕社会遗留下来的庞大低收入农村人口作为原始积累机制，在统购统销和工农产品价格剪刀差等不对称政策中，从农业产出中提取巨额资金，用于工业生产投入和农业技术改造。新中国因此也得以在前 30 年中，以一代人的时间建设起了一个从一线沿海到三线腹地的“煤铁复合型”大工业体系，以及与之相配套的基础设施。正是这些在计划经济价格

社論

把消費城市變成生產城市

10

11

12

10
1949 年 3 月《人民日报》发表社论《把消费城市变成生产城市》

11
邓小平时代始于农村的工业化，通过乡镇企业发展以日用消费品为主的劳动密集型工业（摄影 / 姜珺）

12
在邓小平时代，广大农村剩余劳动力成为打工仔和打工妹（摄影 / 姜珺）

13

14

15

13
毛泽东时代土地集体化和国有化（摄影 / 王世龙）

14
“跟着共产党振兴中华”的海报

15
胡锦涛时代重新修复毛泽东时代的重工业基础，建立更大规模、产业链更为整合的沿海高新工业区（摄影 / 姜珺）

体系下，以举国之力形成的资金积累，以及在高积累体制下强力建成的军重工业、国防科技、交通设施和农田基础建设，才使得邓小平可以在后 30 年放手一搏，将毛泽东时代完成的高积累转化成为消费导向型经济改革的巨大动力。

土地：国有化

毛泽东时代的遗产不仅包括一个具有可持续意义的大工业体系，20 世纪 50 年代的社会主义改造也间接导致了 80 年代城市土地所有权国有制的正式化。土地国有化不仅成为城市中国上层建筑的核心基础，而且从此令城市中国区别于以土地私有制为核心的农耕中国。80 年代之后 30 年渐进式改革的成果之一，便是逐渐形成了土地所有权国有化和土地使用权市场化的产权制度。这一方面沿袭了计划经济的调控功能，国土资源部成为宏观管理部门，土地供给的杠杆效应成为其控制投资规模、强化资源集约度的宏观调控手段；另一方面则通过将土地的有偿使用权推入市场，将土地资产的非实物价值最大化。土地所有权的国家所有制成为土地使用权市场分权的前提，国家通过所有权实施对土地的宏观调控，而市场则通过使用权进行微观管理。在这一所有制基础上，邓小平时代才有可能通过循序渐进的土改推进市场化和城市化。在分税制和地方财政制度的框定下，土地财政对地方政府圈地造城、招商引资产生了巨大的激励作用，从而也对中国的高速工业化和城市化产生了不可估量的影响。

住房：单位红利

毛泽东时代的高积累体制为邓小平时代留下的另一笔遗产，是以实物方式分配给职工的单位住房。这些住房从职工未分配的部分剩余劳动转化为福利，成为工资分配后的第二次实物分配。直到 1998 年房改之前，计划经济时期建成的单位房已在全中国范围内形成实物化的巨额库存资产。随着住房的实物分配制度向货币分配制度转轨，这笔资产从毛泽东时代的单位福利变卖为邓小平时代的市场商品，从而瞬间造就了一个庞大的有产阶层和井喷的消费需求。房改是中国城市化空间政治的又一里程碑，它启动了中国城市化真正由生产驱动转向需求驱动的时代。房改所拉动的内需不仅激发了一个空前持续繁荣的楼市和相关的日用消费品市场，而且也通过高度膨胀的银行业带动了包括投资和出口在内的宏观经济领域。房地产开发的本能是寻找最佳升值潜力的区位，楼市的繁荣极大地强化了城市中心区位的集聚效应，进一步激发了第三产业的精细分工和服务业的兴起，从而提供了更多的就业空间。中国每年数千万的新增城市人口创造了几乎不受国际市场波动影响的刚性需求，同时也在过高的楼市预期下衍生出泡沫化的投资需求和恐慌需求，加上地方政府在土地财政冲动下对土地价格的推波助澜，共同演化出一场持续十年的房价大跃进。单位职工们在经历了“低工资、高积累”时代之后，因为住房商品化享受到的“单位红利”，成为这十年城市化的最大动力。

16

16
1977 年邓小平会见著名港商霍英东，并于 1992 年南巡时在这张老照片上为霍英东签名留念

经济：计划市场经济

新中国前 30 年的工业化和城市化体现为从东向西的布局平衡过程，后 30 年则体现为从南向北的结构升级过程。从南方特区“杀出一条血路”的独立开发，到上海、天津“举全国之力”的国家支援，在日益活化的社会主义市场经济的背后，国家计划的有形之手也正日益增强。新中国 60 年的工业革命之路，正是一条在经济权力上先高度集中以建构大工业体系，后有限下放以激活装配

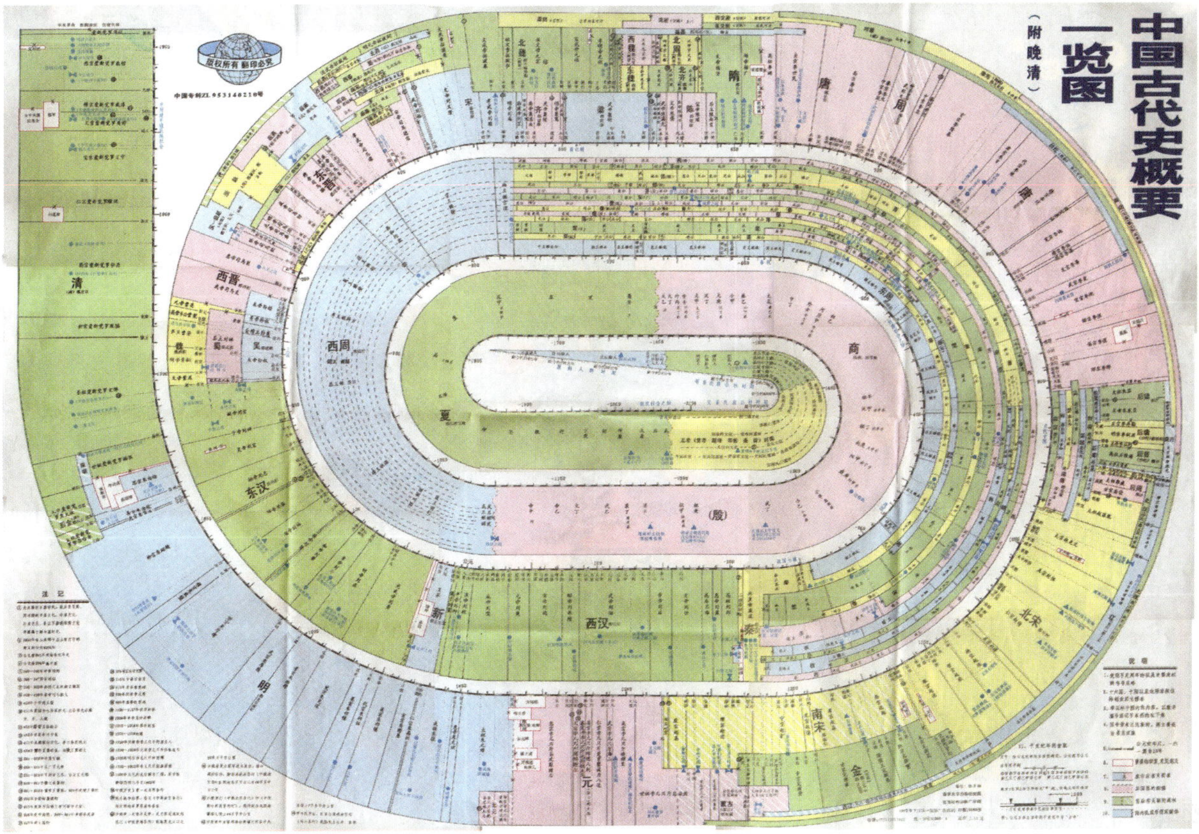

17

17
中国古代历史朝代的相似更替（南京大学出版社，中国历史地图，编绘 / 陆季翔）

工业和轻工业的“先抑后扬”过程；因而作为后发国家，中国在社会主义框架下，创造出一种将上游计划经济和下游自由贸易相结合的模式，从而有别于先发资本主义国家在实现工业革命上经历的殖民和霸权道路。“社会主义优越性”曾经是中国意识形态的核心价值，但就在这种价值观从国内到国际都逐渐失去信众时，它却在对全球资本主义的渐进式开放中，体现出其真正优越性——不在于排他式的自给自足，而在于兼收并蓄地对资本主义内在活性的节制利用。这种优越性包括对核心资源的国有化（以确保国有资本对国民经济关键领域的控制），以及在这一制度上建立起来的、以经济发展为中心的强势中央政府和企业型地方政府。这使得中国的城市化在政府主导性方面也有别于其他国家，城市化进程易于受到中央政府的宏观政策影响。中国近 30 年的城市化几乎可以用关键性的市场化政策作断代：20 世纪 80 年代的农村土改（家庭联产承包责任制）所释放的农村生产力开启了乡村城镇化；90 年代的城市土改（城市土地有偿使用）开启了地方政府的土地财政时代，通过主导规划和土地交易，地方政府能够对城市化的方向进行隐性调控；1994 年分税制则开启了城市的“政府企业化管治”和城市间的“诸侯经济”时代，由于地方政府必须从一次性的土地供应中获得长期性工商税收，通过基础设施投入进行招商引资竞赛的“筑巢引凤”模式，导致了全球规模最大的基础设施投资……尽管一系列改革在成功实现高速城市化的同时也伴生了大量城市病：土地寻租、粗放开发、资源浪费、环境破坏、两极分化等，但中国从第二代领导人就开始清晰地意识到，处理国内矛盾的途径不再可能是威权的阴影或造神的光环，而是发展国家经济和提高个人生活质量；而创造一种允许实验、失败和校正的环境，也许是一个威权国家在活力和稳定之间能够找到的最佳平衡点，因而也由此区别于其他国家的发展模式。

18

19

20

18
2003 年三峡沿岸奉节老城的拆迁现场（摄影 / 姜珺）

19
天津滨海新区是继上海浦东之后另一重要开发特区（摄影 / 姜珺）

20
上海浦东开发是邓小平时代国家计划和市场机制相结合模式的起点（摄影 / 姜珺）

历史：文明复兴

从农耕中国到城市中国，中国的现代化转型显得漫长、激烈而艰难。在中国漫长的前现代历史中似乎有着某种体制的惯性。这种惯性只能从中国特有的生态背景中找到答案，找到中华文明和其时空背景之间的隐蔽关联，以及在这种生态背景下衍生出来的历史遗产对城市中国的动力作用。梳理从农耕中国到城市中国的转型线索，也是一个在生态和文明之间重新建立关联的过程。如果说今天的“中国模式”有可借鉴之处，并不在于它可以被简单地照搬和复制，而在于这一模式来自一个相对完整的、具有自我全球化特征的“生态—文明”关联链条。中国独一无二的生态多样性最终铸就了中国文化的弹性和中华文明的包容性，中国模式正是在这种弹性和包容性之中，展现出其海纳百川的“王道”内涵；而在这种“生态—文明”关联链条之中积淀而成的历史，是中国不断藉以“温故知新”的巨大遗产。作为占世界五分之一人口的大国，中国正在进行中的城市化无疑将会对世界产生深远的影响。与此同时，中国不断地引用其古典遗产，向世人宣传“和谐社会”和“道法自然”等历经千年而颠扑不破的普世价值，以文明复兴作为经济复兴的佐证。前国务院总理温家宝在建国 60 年的讲话中，将“富强、民主、文明、和谐”作为 2049 年新中国建国百年的现代化愿景。这不仅是对几代中国人实现国家现代化的奋斗目标的强调，也再度表明了中国实现国家崛起、社会转型和文明复兴的步骤。城市中国将成为文明复兴的载体，而文明复兴则将为城市中国提供动力。

上海作为城市实验室
Shanghai as Urban Experiment

哈利 · 邓 · 哈托格
Harry den Hartog

我们不但善于破坏旧世界，而且我们也善于建设一个新世界。
——毛泽东，1949 年

由于极其快速和大规模的城市化，上百万中国人已经可以获得更好的住房，更宽敞的居住面积、浴室和奢侈品。为了应对伴随这种城市化发展而产生的许多问题，诸如土地利用效率低，混乱和不明确的空间结构，对自然和农业用地的威胁，身份和社区建设的缺失，等等，当务之急是重新考量现有的方法步骤和试验新空间模型系统。由于经济增长，大规模移民和政府土地拥有权的原因，中国目前也许是世界上唯一有余地进行城市和规划空间更新的地方。对优质和经济适用型住房的巨大需求，加上果断的政府和有力的经济条件，非常适合如生态城市这样的大规模城市实验。

当代中国城市规划就新基础设施、公共设施和绿化建设方面远远领先于西方世界。公共空间往往是高品质的。在种植园中大量培植成熟的树木，并在建筑物完成前栽种在道路两侧。尽管并非总是如此，这将大大有助于增强新城镇的吸引力，使这些新建定居点转化为运作良好的社区。由于绝对的土地所有权和出售土地使用权的高收入，当地政府有足够资源先行推动这些投资。

1

2

3

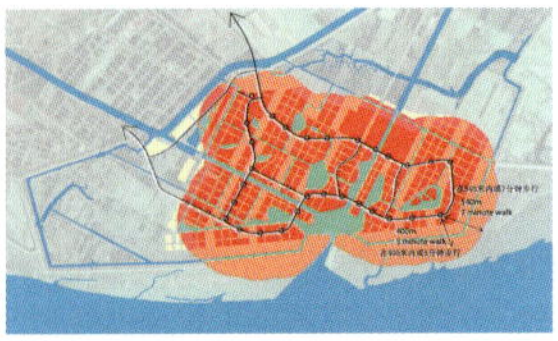

4

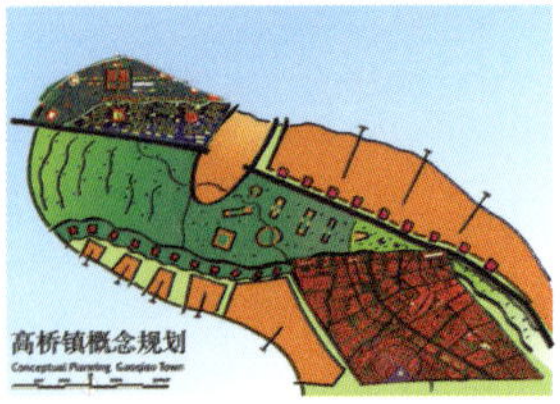

5

1
东滩生态城设计为线性城市（奥雅纳工程顾问公司，2005 年）

2
多中心的样本地区

3
3 分钟内步行可达的绿化系统

4
5 分钟内步行可达的公共交通系统

5
高桥新镇获胜的总体规划（高柏设计公司，2001 年）

国家规划与市场驱动的开发

如果要刺激城市化发展和扩大就业，那么房地产泡沫必然是一个副产品。
——张欣，SOHO 中国有限公司联合创始人，2010 年

1949—1978 年，上海的城市规划主要依靠自上而下的推动。受到国内的发展以及（尤其是）外部的影响，这种规划文化在过去 30 年以来，在“一国两制”的口号下，日益与市场为导向的发展相结合。市辖范围内的城市空间分散与行政权力下放同时进行。地方政府获得更多的权力，半国有半私有开发商的运作也越来越独立。同时，外国的投资者（主要是亚洲国家）也获得更多的机会。但是，市场为导向的力量是否能让城市更具活力或更适宜居住呢？实际上，并非总是如此。

绝大多数新市镇的建设由直辖市政府发起，地方政府执行并由房地产开发商帮助开发。新城镇既是空间分散也是权力分散的标志。绝大多数地方政府似乎对经济适用房并不关注。而地方政府招商引（外方）资的竞争却日趋激烈。巨大资金投向野心勃勃的基础设施项目，并利用减税和多种金融奖励。当地政府开始像开发商一样操作。地方政府起草好城市分区规划后，隶属当地政府的半国有半私有开发商把总体规划付诸于实践，他们确保关键基础设施和基本服务的到位。根据空间框架，土地使用权（40 年 ~ 70 年不等）出售给房地产开发商。这种既不熟悉又无经验的公私利益的混合所产生的摩擦，必然导致投机和粗制滥造。在这最后阶段政府有多少的导向性并不十分清楚。地方在监管上的分歧日益扩大。有关方面的数量也在增加。特别是在上海，日益增多的项目由房地产开发商倡导，地方政府仅仅起到协调的作用。房地产开发商享有很大的建造自由。这导致豆腐渣工程、短期效益和贪欲。一些专家认为低劣产品可为居民提供更多机会进行自我改建和装修，而这也是必然的一步。虽然有些公寓被改装如日常的商店和小店铺，但在一些昂贵的住宅区，绝大多数房屋空置并被用于投机，所以改装就没有必要。小区往往缺乏维护，一些豪华社区甚至成为鬼城。

6

8

9

7

6
荷兰村的总体规划综合了中国合作公司的需求（广州市城市规划设计勘探研究学院，2004 年）

7
来自荷兰小镇 Elburg 启发的高桥新镇总体规划（TKA/ 荷兰办公室，2001 年）

8
折中新方案（2002 年）

9
现有高桥镇城市重组的研究（TKA/ 荷兰工作室，2001 年）

以前政府决定该建什么和应该如何建造。专门研究机构会调查需求和可能性。现在，由市场决定来兴建什么，但是许多中国开发商缺乏地产开发的经验和好的项目实践样板。基本上，一些项目，从未进行过任何市场需求调查，结果供给总不能符合需求。由于形势多变，设计过程或者施工过程中，往往频繁更改设计，而这些更改有可能非常显著。使用过时的建筑规章、粗劣的材料和甚至经验不足的工作人员，外加追求快速建造，导致一些建筑物和城市部分地区的生命周期较短。严重裂损现象经常会在竣工的数个月后发生，有些新建筑竟然没有绝缘处理。这些问题在政府和半私人开发商开发的项目中均会出现，似乎已是这狂乱的变革速度的重要组成部分。

在中国，城市户外空间的装饰细节、建造和维护的质量之高是无与伦比的。不过设计和期望的用途不能总是相符。日常性空间越来越少，而这是一个转型中的具有大量底层群体的社会的重要部分。封闭的小区内部常常装饰得很漂亮，有很多的绿化和水体，但是外人入内越来越受限，一切似乎都为幸福居住而设计。有别于欧洲模型，新城中有些区域拥有很好的混合功能，私人商店也很快在新区完工后几个月内开张。但也有许多新城区往往是单一居住区。有时也为一些商铺提供空间，如理发店、小超市或餐厅，通常在小区入口的近旁或外部。传统街景如农民在街上叫卖蔬菜、专业上门维修、建筑材料零售店和其他小规模的日常活动，在郊区和新市镇即使有很大需求，也几乎看不到。私人轿车逐渐成为主导因素。为了改变这一趋势，直辖市政府自第十一个五年规划以来，一直寻求合适的规划策略，重在城市规划的可持续性，结合一个错综复杂的密集公共交通网络和延续紧凑建造的方法。

业界有人呼吁市政府不应继续权利下放。同邻近省份就长江三角洲区域规划合作的讨论也已开始，但尚未生成任何远景战略。各城市快速而疯狂的扩张要求明确的解决方案，以及在政府控制和市场驱动的城市开发之间达到更好的平衡。未来建设的巨大工作量需要结构合理而有效的土地利用以及更高的建筑与空间质量。城市化既是经济发展的引擎，也是财富的源泉。但是这一过程需要引导。绝不能听任市场的摆布。

10

11

10
青浦新城总体规划（法国翌德国际设计机构，2002 年）

11
朱家角老区的小商业区，青浦新城（马达思班，2009 年）

住房拥有与投机

投机并没有错，但需出台更好的行政法规。
——一家匿名房产代理

住房和城乡建设部鼓励快速城市化，因为每年有几十亿元资金为投资提供机会，如公共设施和基础设施建设。20 世纪 90 年代初开始，中国大范围内向居民廉价销售单位房（国有）。这是一个机会，因为除了单位制以外，中国没有别的个人福利制度。1998 年，时任国务院总理的朱镕基宣布淘汰政府资助的住房制度。老房子可以直接被政府或半国有半私有开发商购买。而且租房和新建房屋将进一步商品化。自那以后，城市化的速度进一步加快直至形成巨大的产业。据经纪人介绍，市场自 2001 年以来变得越来越猖狂。房地产代理商透露，上海房地产平均每年升值 50% ~ 80%！

根据权威人士分析，分散的新市镇可减缓中心城市的房地产价格的攀升。而现状却相反，临港新城和松江新城区的大片地产已被投资者和上层阶级购买。绝大多数人甚至用现金购买房产！新城镇和特别经济开发区既是城市转型的战略，也成为一个获取暴利的途径。

——超过 80% 住房已私有化。[1]
——至少 85% 的人无能力在城市购房！[2]

1 住建部报告，2002 年。

2 经济蓝皮书，2010 年由中国社会科学院在北京发布的数据。

12, 13

泰晤士小镇的独特街道（城市和建筑设计由阿特金斯设计工作室负责，2001 年）

12

13

1 http://www.china-newtown.com/aboutus/Profile.asp

2 一个例外是许多小阁楼和地下室，一般不大于三四十平方米，配有双层床。在泰晤士小镇和荷兰村"历史"核心区的欧式商人住宅的最高层，你可以找到许多小于50平方米的公寓。

2002年，据住建部报告显示，超过80%（！）的住房已私有化。由于对不动产的极大需求，致使每平方米房价爆炸性的攀升，有时甚至每年翻一番。上海的房价增幅快于其他城市。这意味着，大量不动产项目被用于炒卖。许多中国人占有两到三套房子，一为老人养老之用，二为度假或为孩子将来成家之用。

城市化进程在很大程度上是由租金补贴来推动的。在单位式的国家保障消失后，人们争先恐后买房投资。对于许多人来说，这意味着，一半工资用于偿付按揭（中国《南方早报》，2006年6月27日），有的甚至向朋友和家人借钱买房子。

2009年12月4日，中国指数研究院发布的警告指出，租金和销售之间的比例在大多数主要城市相当失衡，尤其是在北京、上海、深圳和杭州。几天后，中国媒体报道，在同一个城市（除了杭州）与世界其他地方类似规模的城市相比，有高达5倍多的房屋闲置，这都是由于投机所造成的。同时，在2009年新建的中低价小型住房量下跌了约45%！据一年一度的"经济蓝皮书"记录，2010年，由中国社会科学院在北京发布的数据，揭示了全国局势的严重性：至少85%的人无能力购房！甚至农民也无法在精心培养的土地上生活，因为土地已被投资商的房产占据了。

上海中心城区每平方米的价格急剧上升，往往在短短的10年间涨幅超过10倍！郊区和新城镇的一些豪华区域内，每平方米的价格等于或高出西欧城市同类位置的价格。不同于中国别的地区，上海充满了很大比例的中上阶层居民。但即使是年轻的中产阶层，也无法购买中心城区的住房，唯一的选择是中环以外20世纪80年代建成的或更早的老房子。由于有限的选择，并担心价格将继续上扬，居民持续购买住房。几乎所有房屋都被出售，即使在偏远地区。只有农民自建房和老式房屋出售有点困难。许多居民等待拆迁后分房和拆迁补偿。开发商乐此不疲，把商业房屋项目尽可能地标高价在市场上出售。同样，这种"白色大象"（半完成项目借周边环境的开发而翘盼价格上浮）是一种经常反复出现的现象。甚至还有，对土地使用权的投机，即为建新城镇而发行股票，因为土地所有权是不可能获得的。[1] 由于房地产业对GDP的巨大贡献，压制投机活动的措施显得忧心忡忡。

2010年4月14日，中央政府推行新措施；谨慎变动税收政策，利用高利率阻碍购买第二幢房产，并使第三幢房子的购买更为艰难。一些有"创意"的中国人利用假离婚和再婚的手段对付买房政策，可见购买更多房屋颇具吸引力。虽然相当一部分人的财富剧增，更多的家庭获得电力供应和拥有私人浴室，但是也有相当一大批人没有或较少分到好处："流动人口"（没有城市户口的农民工）和落后的农村留守人员。那些没有城市户口的居民，则不可能获得抵押贷款。他们大多数被雇主安置在简陋的宿舍里。其他人则共同租房，共同分担房租费用。

由于大量闲置的豪宅和低收入群体对房屋需求之间的比例失衡，创造了冷酷的隔离形式。栅栏和门卫的限制使城市部分地方的出入受到阻碍，更加剧了这种隔离。异国情调的一城九镇发展计划，作为投资项目非常受欢迎，特别是它的外观。由于较高的建设成本和建筑师的设计费用，因此售价也很高。由此给人的绝对印象，预示着一个安全的投资。由于投机的结果，废弃的建筑物比较多。[2] 这拖延了基础设施的发展。有些地方更显示出衰败的迹象。一些社区私人警卫的人数似乎比居民更多，给人一种鬼城的感觉。

投机造成经济的泡沫膨胀，供应和需求关系的脱节产生了较大的空间问题，

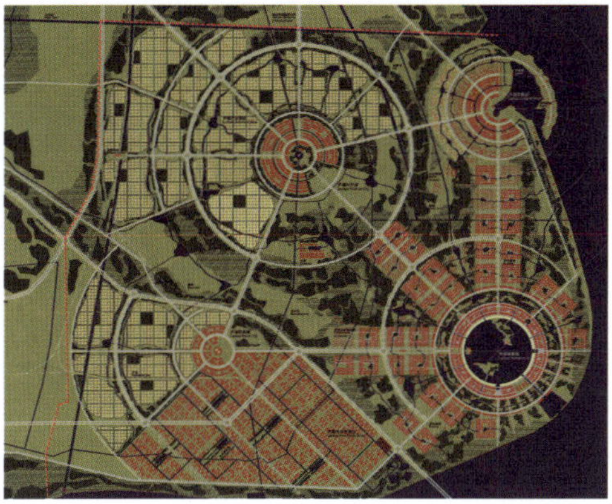

14

15

16

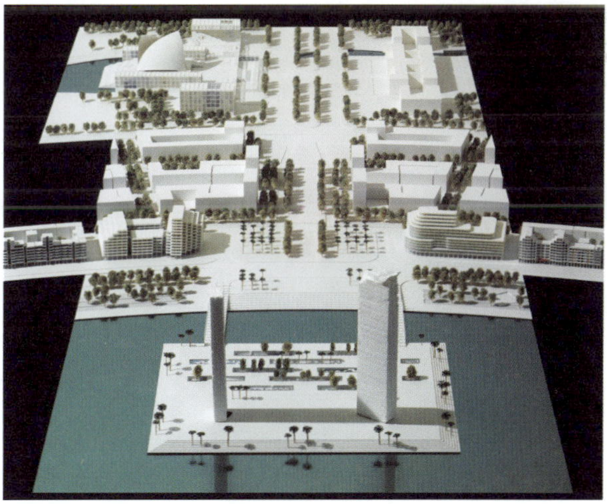

17

14
临港新城总体规划（gmp 建筑事务所，2001 年）

15, 16
临港新城住宅小区和海滨（gmp 建筑事务所，2001 年）

17
临港新城的主要街道和海滨（gmp 建筑事务所，2001 年）

并威胁到社会稳定。大赢家是开发商、有产阶层、中上层和地方政府（通过土地所有权为基础的税收）。市场积压着过剩的富人们的消费产品。除了在拆迁区域，很少有低收入阶层能负担得起的福利住房项目。据一些中国的经济学家和评论家研究，政府必须说服开发商兴建廉价住房，或者国家建房。对中国政府而言，重新赢回影响力和保持监督，并非难事。

新城的试验

创造一种允许实验、失败和校正的环境，也许是一个威权国家在活力和稳定之间能够找到的最佳平衡点。

——匡晓明和姜珺，《城市中国》第 40 期，2010 年

新市镇不仅仅指空间结构优化，更意味着一个新的政治方向或意识形态。5 000 多年前中国由于政权更替而焚烧老都城阿房宫。西安、北京、南京和苏州都在相对较短的时间内作为新都城而被规划和建造。

自从 2001 年以来，上海直辖市政府推出了一系列不同的试点项目，其中包括由外国设计师参与的东滩生态城、临港新城和“一城九镇发展计划”，旨在赶上国际标准。此外，还有中国设计师设计的模范小区和试验新城。不同的工作条件、规章（各区不同）、设置和解决方案形成的结果就像一个非常有趣的调色板。有成功的试验，也有一些相对不走运些。

当西方不再相信可以制作社会时，该理论在中国却发挥非常重要的作用，特别是在社区建设方面（见第 282 页关于小区和社区）。未实现的东滩生态城规划是基于理想主义和对一个更美好世界的信念。东滩生态城也被规划为一座可制作的城市：一个同时支持步行距离和公共交通线路的村庄群。甚至主题化似乎也是一种可创建社群意识的手段，并视为对可制作社会的尝试。“一城九镇发展规划”的一些新城当中发展了一种商业驱动的、回溯古老欧洲城市中心的如画的形态语言；另一些新城，则是只有经过理智的思考过的规划才得以开发。如，青浦以中国历史文化作为出发点；一些地方比如浦江和城桥镇，考虑了周围的景观和空间背景。大多数新城都使用白板（tabula rasa）方法。泰晤士小镇甚至与周围环境决然孤立，它从属的城市在湖的另一面犹如侧影依稀可辨。泰晤士小镇是有意建造得远离地铁，以减少城市的不良影响。事实上，郊区建筑是为新的中产阶层而服务，但目前因投机行为而大部分无人入住。另一方面，高桥新镇的主题旨在建设为当地居民服务的城市商业中心，却被新中产阶层的上层占有而周围布满保护栅栏。从城市化和建筑的角度出发，这些新城的质量往往令人失望；但就规划水平来说，分散化策略的结果在中国评论界被认为还是比较好的。居民们特别推崇青浦新城和浦江新城的南部，其他的新城似乎需要更多的时间来充分发展自己的潜能。

与中心城良好的交通、住房和工作地点之间的短通勤距离和日常生活设施，看来是一个新城试验偶尔成功的关键。但是，有一些新城的地铁连接似乎故意在稍后阶段实现，以避免通勤带来的运量。他们的想法是：新居民应当在邻近的新工业区附近工作。但在那些许诺要建地铁的地方，当地铁完成得太晚或尚未开工，增长就会停止，设施也会缺乏。新城之间的差异不仅体现在地理位置和易达程度上，而且也在于相关当地政府和开发方的“控制水平”。例如，浦江新城南部的成功，不仅是因为它靠近中心城区的位置，还在于强大的政府领

18

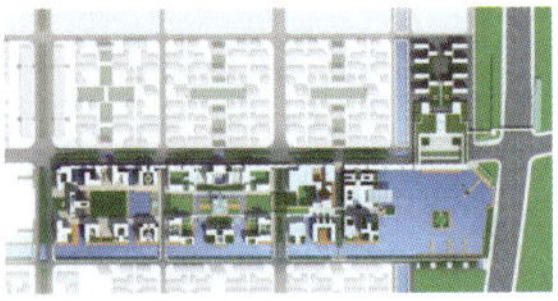

19

18
城桥新镇 CBD 模型（德国 ISA 国际设计集团，2002 年）

19
浦江新镇镇中心（格雷高蒂国际建筑设计公司，2001 年）

20
删减的浦江新镇总体规划（格雷高蒂国际建筑设计公司, 2001 年）

21
浦江新镇样本区域（格雷高蒂国际建筑设计公司，2001 年）

22
浦江新镇总体规划（格雷高蒂国际建筑设计公司，2001 年）

20

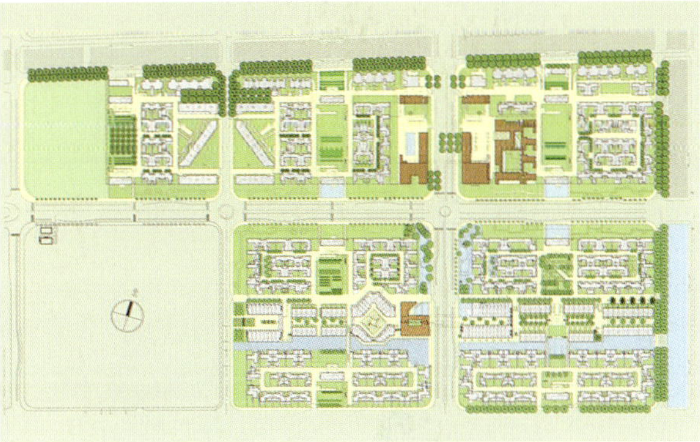

21

22

农村城市化

导。因为这里是世博会动迁户安置的地点，受到全世界的瞩目。即便是相对远的枫泾小区，可达性都不是唯一的决定性因素。街道的友好气氛和住房及室外空间的日常使用，使这个地区成为非常成功的“模范小区”。成功显然是由于远离中心城区国际化的城市生活。曾经的农户家庭以熟悉的传统方式和平共处。偏远的地区，如城桥镇和临港新城也承诺将独立运作，这是因为它们分别有一个牢固的历史基础和“经济发展规模”。

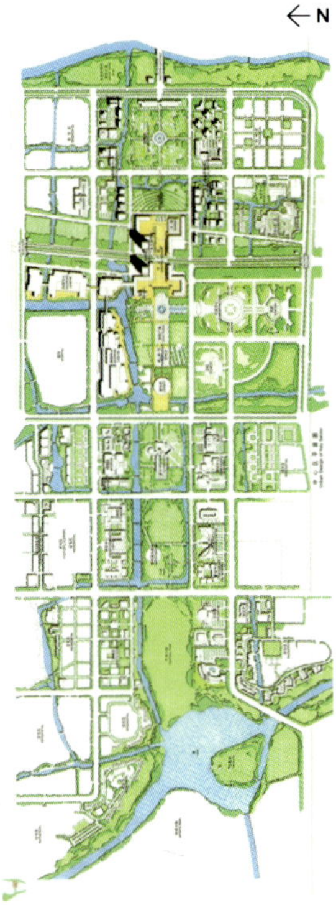

23

23
松江新城的中心绿化区和设施（阿特金斯集团）

→上海直辖市分散规划和现状（2001—2020 年）

土地（2000年）
城市区域（2000年）
地铁（2001年）
1-9-6-6 战略（1999 — 2020年）
试点城市和镇
土地（2020年）
市区2020年的展望（2010年）
地铁（2020年）
新市民（摄影／陈泰明）

试点城市和镇

Pilot Cities and Towns

安亭新镇
（嘉定区，上海国际汽车城）

客户／开发商
上海嘉定区城市规划管理局／上海国际汽车城置业有限公司（SIACRE）
外方设计单位
AS&P - Albert Speer & Partner（Frankfurt am Main）与 David Elsworth，PGW Wittig-Gast-Leyser， Fichtner Ingenieure 合作
中方合作单位
上海 ARTFORM 建筑设计公司
设计时间
2001 年
安亭新镇执行情况
2001—? 第一期在 2007 年已竣工一半，约 1 000 户
安亭新镇规划面积
3 平方公里
安亭新镇人口（2001 年）
当地农民数未知
安亭新镇人口（2010 年）
几百市民
安亭新镇规划人口（2020 年）
约 28 000
安亭新镇规划密度（2020 年）
9 300 人／平方公里
上海国际汽车城执行情况
2001—2020 年
上海国际汽车城规划面积
62 平方公里
上海国际汽车城人口（2010 年）
80 000（不包括未登记的流动人口）
上海国际汽车城规划人口（2020 年）
100 000（不包括未登记的流动人口）

2000年

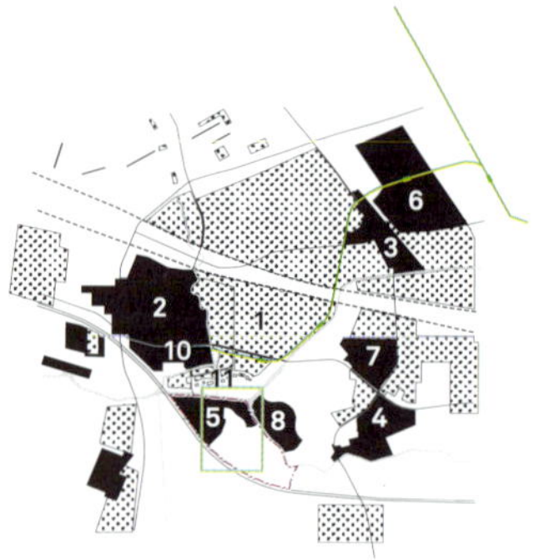

2010年

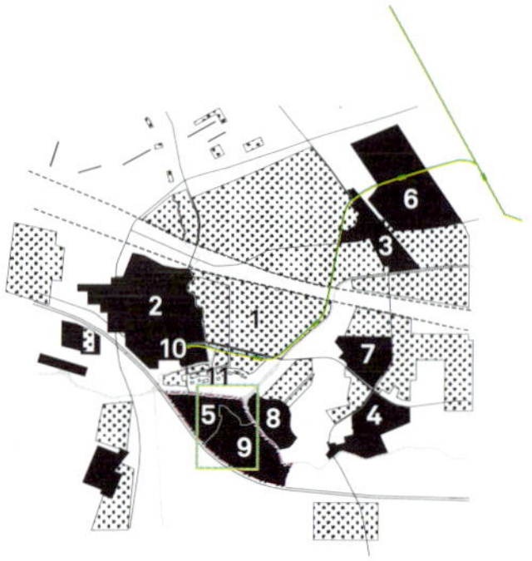

2020年

0　　5 km

城市区域
工业区域
规划区
地铁
1 上海国际汽车城
2 安亭镇
3 方泰镇
4 黄渡镇
5 安亭新镇（第一期）
6 一级方程式赛车场
7 同济大学
8 36 洞高尔夫球场
9 安亭新镇
10 商业中心
11 汽车博物馆

2010年建成
未建
0
200m

主题城镇是一种尝试，为了吸引更多的居民。这是一个令人鼓舞的迹象，也是第一次向社会和政治正常化迈出的一小步——显然，强制人们在特定的时段内迁入已无绩效，人们希望被吸引。

约翰尼斯·戴尔（Johannes Dell），AS&P 公司执行董事会成员

← 欧式街区和半公共小区公园（摄影 / Frank P. Palmer）

→ 上海国际汽车城的新高速公路和地铁
→ AS&P 重释国际包豪斯风格（摄影 / Frank P. Palmer）

项目背景

2001 年，嘉定城区、安亭镇和南翔镇三镇合并，形成人们今天愈发熟悉的嘉定新城。与临港新城和南桥新城一起，嘉定新城是未来几年上海城市发展的三大重点领域之一。这里的常住居民将会超过 70 万人，并成为区域经济中心和区政府所在地。南翔镇重在建立一个高端的生活区，安亭镇则是上海国际汽车城和安亭新镇。

1958 年 1 月，嘉定县并入上海市区域并成为行政区之一。所有居民也有了上海户口。自那以来，在嘉定建立了许多机器制造类工厂。1984 年，上海大众在此开设工厂，并形成初具规模的上海国际汽车城，立志建立亚洲最大的汽车制造和贸易基地。2007 年，上海汽车工业公司（以下简称“上汽”）聘用近 13 000 名员工。为了吸引新的投资者，区政府持续提供多种税收优惠政策。此外，附近的沪宁城铁、沪宁高速公路和虹桥机场更让其位置优势独一无二。

除了汽车行业，根据当地政府的规划，还有两个重要的行业：房地产和旅游业。该地区已敲锣打鼓地推出了几个历史景点，其中还有始于秦王朝时的古迹。嘉定新城是全国重点无线城区的试验点，最近也非常侧重于生态和文化。新上任的区长，专门建立了一个为当代艺术家服务的“文化园”，而国际建筑研究所也已在规划图景之内了。

规划和进程

2001 年，安亭新镇被确定成为“一城九镇”战略的一部分。因为大众汽车的主导地位，德国不可避免地被选择为新镇主题。在安亭新镇控制性详细规划的国际竞争中，德国公司 AS&P 获胜。此外，该公司还担纲了上海国际汽车城的总体规划。这两项规划在半年内制订完成，基础设施建设在 3 个月后开始。

除了住房，上海国际汽车城还包括一个与轿车相关的行业区域，用于生产、贸易、展览、教育、管理和娱乐，以及一个一级方程式赛车场，并要建立与大众汽车管理密切联系的庞大教育设施，以及独立研究和开发机构，其中包括为同济大学设立的新校区（同济大学成立于 1907 年，最早由德国人在上海中心城区建立）。安亭新镇是以外国管理人员和国内中产阶层为主要消费对象而建造的，对中国的中产阶级而言，他们的终极梦想是拥有自己的房子和汽车。这两个象征身份的标签，被巧妙地用作营销战略。

AS&P 曾有过一些在中国做项目的经验，例如在上海江浦生态城和北外滩地区。“这次的任务是设计一个生态城市，并结合德国品质。然而，他们不知道什么是德国品质。”约翰尼斯·戴尔（Johannes Dell）介绍说，“如果你真的想要德国品质，那么建造成本就需要提高 5 倍。起初，客户和地方当局希望建造‘中世纪德国小镇’，并带有钟楼，人字屋顶和半木头装饰的外墙，就像是在德国黑森林里的城镇。并希望德国人在此经营店铺！我们花了一些时间才说服他们，真正的德国城市需反映日常生活，并需要适当暗示历史结构和现代德国的建筑设计。”

据 AS&P 称，把开放空间融入城市结构，创造一个公共场所和分级网络，更易于体现德国或欧洲特色。该规划显示了与新城市主义风格的一些相似之处，有如克瑞尔和科尔（Krier and Kohl）在波茨坦（Potsdam）开发的德国小镇科尔希斯特费尔德（Kirchsteigfeld），引入了住宅街区和有限高度的建筑，并配有中央市场和半公共小区广场。

圆形的嘉定旧城核心区像中世纪时期的欧洲城市，有筑起的防御城墙，而后在长年累月的岁月中，不断扩展。它展示了城市性、密度和社区。主要道路的设计意图是促进行人友好：大多数汽车可以停在地下。与伪造旧式建筑风格截然相反，AS&P 选择了包豪斯（Bauhaus）风格的诠释以及格罗皮乌斯（Gropius）和密斯·凡·德·罗（Mies van der Rohe）的现代主义思想。为了避免一致性，公司建议邀请众多德国建筑师，这无疑是为了市场营销。客户坚持制订“设计规范”并让 AS&P 监督，进而建立同类又可识别的整体外观。2002 年 8 月，SIACRE 委托 AS&P 设计住宅以及安亭西部的城市中心，并同其他 4 个德国著名的事务所合作（gmp，Auer und Weber，ABB，Braun und Schlockermann）。其中，gmp 公司设计围绕中心市场的建筑物，包括教堂和对面的酒店。AS&P 设计的销售中心，是对典型包豪斯风格的展示。

AS&P 认为，“可持续性”也是一个典型的欧洲元素。所以，他们雄心勃勃地希望提供一个中上建筑水平，并可高效利用能源的方案。能源的理念是和德国菲希特纳公司（fichtner Ingenieure）一起合作的。如果合理地实施，用当时中国的标准来衡量，应该可以减少 50% 的能源消耗，同时不失舒适度并可降低能源成本。其用意是在中国建立首个具有欧洲设计和环保标准的住宅项目，以及可持续的

BUICK

↓街道作为家庭或商业活动的延伸
↓社区的第一印象

→空置的中央广场
→别墅主要用于投机或周末度假

→周边的农民在废弃的街道拣柴
→欧式运河

城市发展模式。设计小组提出建造热电联产厂，所有建筑物设隔热，让所有的房屋具有良好的自然采光，透明和通风设计，实施垃圾分类收集，水处理系统，优化电线和管道系统。能源生产基础将大多来自生物原材料，譬如污泥和有机废物，太阳热发电厂等。智能基础设施系统亦纳入计划，并配有中央空调。还有几个遮阳要素也应用于建筑，以防止气候对居民的影响。令人失望的是，所有这些野心勃勃的计划都未能实现。

项目结果

目标是宏伟的，结果却相当令人失望。即将完成建设时，一些建筑已经显示用料不善而造成墙壁裂缝。维护成本上升可能会在日后继续加剧这些问题。在实施过程中，一些小规模的设想，都因地方法规和预计未来增长的需求而必须做出更改。譬如有一些社区路段改造得就像高速公路——小镇里大多数街道不成比例。

与其他大多数外国建筑师相似，AS&P 没有意识到中国朝南建筑传统的必要性。因此，大量东西向设计的建筑被取消，使街区结构大受影响。

虽然新镇意味着自给自足，可在最初几年中，所有承诺的基本服务和设施杳无影踪。既无理发店，也无餐馆，更谈不上幼儿园。有一些小商店，但库存很少，开放时间有限。世博会的前几个月，轨道交通 11 号线开通运营了，几家新的商店已开张。教堂对面的一块空空的广场，始终无法确定是否会用于宗教活动或成为其他的活动场所。公共交通的缺失和设施不足，使安亭新镇处于一个孤立的位置，特别是对那些买不起车的居民们。该地区的主要问题还是投机。新镇是为 8 000 户家庭而建，但是，即使 80% 的房子已出售，却只有超过 200 户家庭入住（目前已入住近千户——编者注）。虽然有美好的意图，安亭新镇却还是成为一座鬼城。戴尔说：“它看起来虽然美丽，处处绿色围绕，但它是一个死亡的城市小区，将面临崩溃……”据戴尔所见，这个结果并非设计师造就，主要是管理不善，缺乏经验，太短的规划时间和太紧的预算。戴尔总结，在整个过程中，准备和管理能力及技术显然不足。“需要有更多的透明度。”戴尔建议：“协调不当导致了人力和精力的巨大浪费。最有效的方法是向参与者解释清楚整个过程，例如，可持续发展指什么？利用团队的创造力，而不是把问题留给某一个孤立的经营单位，如果当初就这样做的话，将会由此产生更多可持续的解决办法。”

不过该项目也有成功之处。主体结构上实现了无车小区，弯曲的停车道，开放空间，绿化带和水系统。甚至，奥雅纳（Arup）的彼得·黑德（崇明东滩项目）也赞扬这里的河道系统。经上海市政府特许，大约 30% 的公寓东西朝向，这在中国是非常罕见的。

2009 年底，新的开发商应邀与 AS&P，还有来自中国及澳大利亚公司组成团队，以封闭式竞争的方式修改原有总体规划。新的“形象”必须被挖掘。最近，客户和上海规划管理局认可 AS&P 的新规划最具一致性，要求他们在正式递交前，根据提出的建议完善该计划，并计划 2010 年底开始现场动工。由于“一城九镇”的概念已不再是一个重要城市的营销问题，新开发商要求更灵活的住宅单位组合，以针对“上海中等收入客户”。这种变化的原因之一是新地铁的通车。总体规划的基本轮廓已被批准了很久，“修正规划”必须体现其混合用途、基本的道路网络和密度。最大的挑战是要求南北朝向，这会让原来的街区概念很难维持。AS&P 新计划的灵感来自花园城市的启发，特别是布鲁诺·陶特（Bruno Taut）的草图。这种郊区的风格显示了一个绿色背景下，线性建成地区格局。现在，修正规划中删除了所有朝向不合常规的房屋，几乎所有建筑都是南北朝向。

枫泾新镇
（金山区）

客户 / 开发商

枫泾镇政府 / 上海新枫泾建设发展有限公司（包括上海金山区土地储备中心和上海中星集团有限公司）

外方设计单位

六度建筑设计公司（Six Degrees，由贝加艾奇建筑设计咨询公司［简称 B+H］2007 年收购），与 Corban & Goode 环境设计协会合作公司合作

中方合作单位

同济大学建筑设计研究所

设计时间

2004 年

执行情况

2004 年—？预计 2010 年建成，但现今，只完成基础设施框架和一个居住小区

规划面积

5.4 平方公里

枫泾新镇规划人口（2001 年）

未知当地农民数

枫泾镇人口（2001 年）

约 40 000（不包括未登记流动人口）

枫泾新镇人口（2010 年）

约 5 000（不含未登记流动人口）

枫泾新镇和老镇人口（2010 年）

约 50 000（不含未登记流动人口）

枫泾新镇规划人口（2020 年）

28 000

枫泾老镇和新镇规划人口（2020 年）

至少 75 000（不包括未登记流动人口）

枫泾新镇规划密度

约 5 200 人 / 平方公里

2000年

2010年

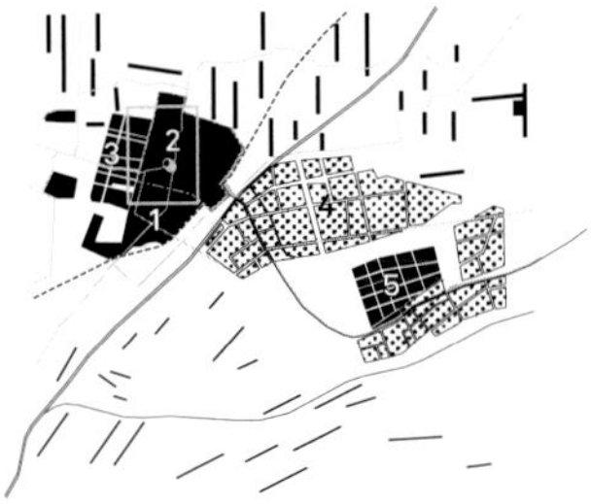

2020年

城市区域

工业区域

规划区

地铁

1 枫泾镇

2 枫泾新镇

3 国际服装机械城

4 金山西部工业区

5 兴塔社区

2010 年建成
未建
0
200m

作为加拿大人，我们没有庞大的自我。每个人都卷起袖筒共同参与工作，包括我们的客户。每个项目，我们都并肩奋战，力创最佳业绩。

丽莎·贝特 (Lisa Bate)，六度建筑设计公司 (Six Degrees) 总裁

←城市化进程中的林荫大道

→老枫泾作为新兴的旅游景点
→欧美式国际服装机械城

项目背景

枫泾镇创建于元代（1 500 年以前），这里曾经是一个古老的军事要塞，临近上海与浙江省的边界（沪杭高速）。由于位置上靠近边界，通往宁波的杭州湾跨海大桥于 2007 年建成，枫泾也希望因此可以获得更多贸易机会。新的高速公路直通杭州，吸引了数家公司在此落脚，其中有一些是加工厂，多数是汽车零件、玩具、服装、机械和电子产品等领域的生产厂家。虽然有铁路经过，但这里没有火车站。公路是到达枫泾的唯一办法，从上海中心城边缘出发需一小时路程。老枫泾镇，有完整记载的历史可追溯到宋代，至今还以它美丽如画的运河而闻名。这里最著名的农民艺术，是当地的一种绘画艺术，风格、技巧等都由当地农民画家自创，并代代相传。作为上海的城郊，枫泾镇还保留着比较完整的农村环境和生活特点，许多老传统都还在。相对于上海的中心城区，枫泾拥有更洁净的蓝色天空。小镇的日常生活的氛围始终保持友好。由于枫泾的公共健康和文明，1995 年建设部把枫泾列为全国 500 个国家示范乡镇。2001 年，枫泾被市政府定为一城九镇开发计划试点镇。另外，举办了一项国际设计大赛，意在把古老的枫泾镇规划设计称为“附带北美风情的现代环境友好型的小镇，以服装机械业为支柱，并具有居住、商业、贸易、旅游和娱乐等方面的综合功能”，旨在吸引科研机构和提高城市化水平。

规划与过程

“枫泾”的“枫”指枫叶。因此，官方就产生了以加拿大镇为主题的想法。据丽莎·贝特（Lisa Bate）介绍，加拿大在中国有着良好的声誉，相比许多其他西方设计师的个人主义的方法，他们具有非常合作的工作方式。贝特说：“重要的是加拿大是一个相对年轻的国家，由移民和多元的文化组成。我们非常了解全球正在发生什么。在城市规划领域，我们从美国和欧洲学到了宝贵的经验和教训。相同的研究和分析现在也正在中国发生。”2004 年，当这个项目开始的时候，环境问题对于绝大多数国家而言，都还不太受关注，但在加拿大却不同。加拿大曾经有过强有力的环境政策，但在 20 世纪 80 年代，该环境政策失去政治上的支持。可是由于加拿大人民的坚持，环境政策强度始终未削弱，社会、经济、环境三者始终保持着相互协同的可持续发展模式。丽莎·贝特介绍，生态发展对加拿大规划者以及开发商而言，永远都是首要宗旨。枫泾的设计也促进当地社会、经济和环境三者的可持续发展。无论是艺术、技术还是简单的示意，都是为了减少碳足迹。

枫泾设计比赛开始后，客户首先建了一座四星级酒店，以便于参赛者融入当地社会。“那时，整个枫泾古镇在夜间没有电，”贝特解释，“而我们却经常在酒店里通宵达旦地工作，这就像一盏明灯似的展示着我们的设计工作，也是为了枫泾人民的基础设施现代化。”

团队的目标是要结合长江三角洲运河小镇独特的传统特色和北美城市规划的原则，并追求可持续发展。该计划包含了进步的“新城市主义”（new urbanist）规划的实践，例如以行人和路径为主，可以更容易地走直接路线（不按照网格化方法）。

加拿大设计团队专注于城市规划和可持续发展的原则，这让他们放弃了规划主题性质的建筑，“我们不想复制代表加拿大典型形象的标志或符号，如枫叶树和雪松甲板。”贝特说，“我们想采用加拿大可持续发展的最佳做法，包括社区自给自足的零售和商业设施，为居民和工人提供服务；一系列美化的开放空间，建筑物之间适宜的距离和可视度；丰富的公园绿地，街前大片空地的原则……我们都按照加拿大典型的基本准则设计。规划原则落实到具体方案，社区公园被设计得更活跃，兼主题化，旨在让人们放松和娱乐。它们反映了加拿大的区域景观（北极、平原、水及地质）。这些公园被分成组，以每个社区为单位，并与附近的商店和服务联营，为居民提供日常服务。为了完成设想中的公共空间和公园，我们列出了一个完整的植物名单——采用中国土生土长的枫树，唯一遗憾的是，加拿大枫叶在秋天，展现的是灿烂的红色，而中国枫叶，由于不同的空气质量，色彩偏黄或呈现橙色。为了遵循可持续发展的战略原则，所以我们没有考虑从加拿大进口，而完全采用当地树木。设计团队还建议利用一些当地材料，以结合当地现有景观。从生态原因考虑，公园采用了一套过滤系统。”

设计团队提供了完备的公共建筑和桥梁概念化设计。市区（政府大楼、文化中心、美术馆、博物馆、会议中心、图书馆和娱乐舞台）被设计成围绕新湖的格局，而环绕着它们的，则是更大面积的社区公园。根据客户的要求，六

环球奥莱斯
购物公园

→停车位被用于晾晒水果和蔬菜
→动迁安置农民在新小区继续老的生活方式

度建筑没有参与住宅区具体建筑的概念设计工作。这项工作会在下一阶段，由当地建筑师完成。

在城市基础设施设计中，街道和开放空间都有明显等级，有意制造一种强烈的位置感。相比其他国家的设计，该设计遵从多数建筑物朝南的原则。贝特说，“我们尽量尊重传统的风水原则，基本遵循良好的设计可持续性实践（防风、夏季微风处理和阳光的巧妙使用），并承认风水的文化价值。建筑物和景观和谐处理，并融入加拿大特色。”

项目结果

15 公里长的主道路已经完成，包括街道景观的植物材料、桥梁以及公共设施的地下管道。新镇西北角建立商业和贸易区域，正在进行招租。但这些不是由加拿大设计团队设计的。它包括服装机械生产单元和一个巨大的服装销售中心。除了东南角规划区内一个中国式小区，暂未开始建造任何建筑物。根据当地政府解释，由于缺乏投资者，而且既定的轻轨交通还未建成，住宅建设被推迟了。

贝特还解释：“我们失去了与当地负责人的联系。据我所知，这是因为当地政府的人员更换。他们曾经说过，他们希望可持续发展的设计，可以有效利用能源。但是在赢得比赛后，以前一起工作的当地建筑师和工程师逐步取代了我们。我们不再被纳入这个项目，从公开的消息中，我看到一些关键设计被改变了。我们设计的桥梁，由混凝土代替了再生钢，设计处理被简化或使用较少的材料。我们原来设计中的可持续设计方面也减少。”

规划土地现在仍然用于耕作。阳光明媚的日子，渔民和家庭野餐可使用新建的湖岸。东南角小区的落实，并未按照加拿大设计团队原来的计划。贝特当初所做的完整设计中，只有很小一部分被采用。不管怎么说，在一个传统的中国小区可找到加拿大设计的痕迹，是一个非常愉快、令人惊讶的迷人组合。由于远离中心城市，这里的气氛依然十分郊区化和友好。这里的居民主要是当地没有汽车的农民，他们的土地和房子不断地被征用和拆迁，越来越多的人被安置在靠近工业区的区域。部分当地居民也在这里买新房，也有少数市区的人，在此投机买房或来此度周末。一家汽车零部件公司拥有两幢高层作为员工宿舍。同时，曾经的一个关于“无车”的基础设施架构，如今正被自行车道代替并期待被进一步城市化。

↓新建公园等待城市背景
↓旧习难改，尽管有新的洗衣机

→新城下一代
→新道路主要为自行车使用

荷兰村
（浦东新区，高桥新镇）

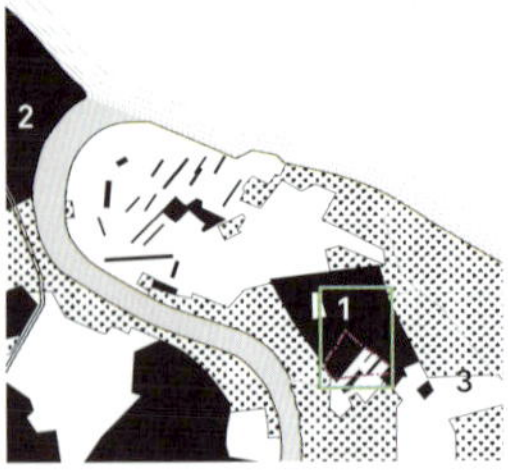

2000年

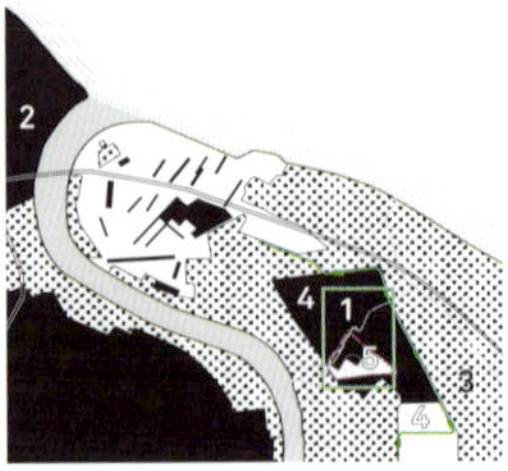

2010年

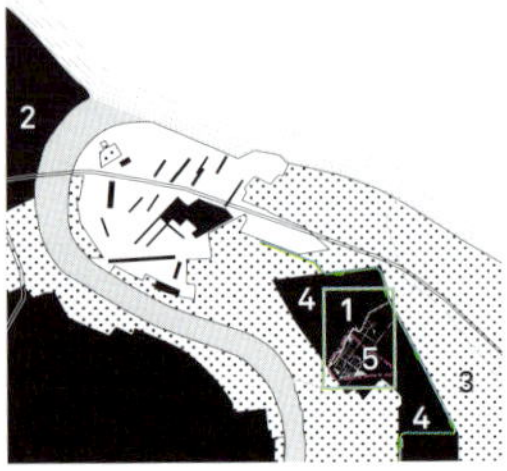

2020年

客户 / 开发商
上海浦东新区政府和高桥镇 / 上海新高桥开发有限公司
外方设计单位
高柏公司（Kuiper Compagnons）&
Dutch 工作室（Atelier Dutch，原称：Teun Koolhaas Associates）
中方合作单位
广州市城市规划设计勘探研究学院（GZPI）
设计时间
2001 年（一期），2003 年（二期），2004 年（三期）
执行情况
2003—目前仍在建设
规划区域第一期
老城市重建和荷兰村 2 万户新住房 5.6 平方公里，三岔港河滨森林公园 3.6 平方公里
规划区域第二期（荷兰村）
1 平方公里（5 000 户新住房）
高桥镇人口（2001 年）
少于 50 000 居民（包括未登记流动人口）
高桥新镇人口（2010 年）
80 000 市民和 40 000 未登记流动人口
荷兰村人口（2010 年）
几百市民
高桥新镇规划人口（2020 年）
135 000 市民
荷兰村规划人口（2020 年）
7 000—20 000 市民
荷兰村规划密度（2020 年）
7 000—20 000 人 / 平方公里

2010 年建成
未建
200m

因为距离和文化的差异，整个过程非常紧张。我们的客户都是自官员转职成为开发商的。然而，我想我们获得了一些成功。我们设法建立一个更加人性化的，规模和结构较好的公共空间。建筑物会得到保留也会被毁灭，但城市结构会永远存在。

阿烁克·巴罗特拉（Ashok Bhalotra），高柏公司（Kuiper Compagnons）总裁

← 复制荷兰小区 Kattenbroek 的环形运河

→老镇河岸的再开发

→河滨公园

项目背景

高桥镇是一个有 800 多年历史的渔村，靠近长江和黄浦江的入海口。这里地势平缓，多船闸、水坝和牧场，地理位置极具战略意义。其景观与荷兰低地有所相似。自 1990 年以来，高桥镇与外高桥保税区相连。外高桥保税区是中国第一个也是最大的经济特区之一，以港口经济、高新技术产业和物流业为主。由于这个经济特区，在短短的几年内，高桥很快由一个郊区小村庄膨胀成为一个中等工业小镇，河流污染严重。

2001 年，该镇被选为“一城九镇”的试点新镇。由于与荷兰港口城市鹿特丹姊妹城市的关系，加上高桥镇占上海港口设施很大的份额，当地政府似乎自然地就认为以“荷兰”为主题的新城市扩展，是最为确切的选择。“荷兰村”位于原高桥镇镇中心，预计发展成一个约有 100 万人口的新市镇。在开发前，许多现有的农民住房被拆除，很多居民被安置在附近的公寓。

规划和进程

2001 年，上海市浦东新区人民政府邀请了多家国际设计团队参与设计比赛。由姊妹城市鹿特丹政府挑选了三家荷兰设计公司，也参与竞赛：荷兰工作室（Atelier Dutch），高柏公司（Kuiper Compagnons） 和 KCAP 建筑师及设计师（与荷隆美 Grontmij 合作）。任务是高桥区域规划，包括一个巨大的娱乐中心，并需提交旧城改造的总体规划。客户要求一个独特并带有荷兰风情的国际规划方案，每个团队必须在 8 个星期内完成详细规划。最后，高柏公司胜出。在下一阶段，高柏公司与荷兰工作室合作，进一步详细化规划方案——如此，一个典型的荷兰式规划便成了共识。政府要求 15% 的廉价住房和 15% 的高收入住房，其余都为中等收入者的居所，并且特别提出要求，所有的住房应朝南。

基于高柏公司的设计理念，规划区被分为“记忆城市”和“欲望城市”。每个公司各规划一半，各规划 1 万户。所有协调工作都由广州市城市规划设计勘探研究院（GZPI）承担。

这两个规划不仅从细节和材料上展示出荷兰风格，更提倡荷兰式公共空间结构。两家公司都引入运河和排水沟，并在设计中纳入一些既有的路线。运河与外围水区分离，水位可调节。此外，排污系统与运河断开，以保持水的清洁。现有的河岸被转化为城市公园，其中包括一些装饰建筑物，用以象征荷兰。

城市东北部的“记忆城市”，由荷兰工作室担纲设计。这项设计根据传统的老圩田和城镇建造，类似荷兰老城市埃尔堡（Elburg）和代尔夫特（Delft），将排水系统和新的城市发展联系起来。这样的一个全新的城市里，包含了典型的荷兰公共空间系统，如码头、运河、广场和通道。在地块分隔、水系统、景观和基础设施等方面，也吸取了一些传统垂直性中国古代城市的样式。建议的紧凑型住宅区，被刻意设计为街区带有绿化的半公共庭院，内部有场地或花园。典型的荷兰排屋和运河房子也被规划在内，用来预示不同的历史时期。

西南面的“欲望城市”是指卡登布鲁克（Kattenbroek），由高柏公司设计方案，样板是靠近阿默斯福特（Amersfoort）附近的郊区。起初，客户方想要复制，但设计师们向他们解释：荷兰的城市化，是指不同住房类型的功能组合。它们是从传统的排屋慢慢过渡到郊区住宅的样式。

这两家荷兰公司共同制作了一本实用手册，无论从阿姆斯特丹的运河房屋到现代主义建筑以及郊区别墅，都一一清晰说明应该如何建造这些建筑。后来，规划面积减少，两家公司的规划合二为一。荷兰工作室规划沿江的城市重点领域（2 367 个公寓），并包括一个公园。高柏公司修改其规划，专注于项目的郊区化部分，包括一个圆形地区，特指卡登布鲁克地区（1 090 户家庭住宅和 2 790 个公寓）。值得一提的是，2004 年，就高桥新镇镇中心区块举行了新一轮设计竞赛，其中荷兰公司 Atelier Zeinstra en van der Poll 和 Döll - Atelier Voor Bouwkunst 也参与了竞赛。

第三轮的竞赛，位于两个已规划区域之间的空地，高柏公司设计了一条功能性街道和一个中心广场。该设计以后现代化的方式来诠释的代尔伏特（Delft）市场。其功能是作为“文化广场”，这个文化商业中心有酒店、商场和电影院。这些建筑物的装饰，采用荷兰象征性产品，例如郁金香和木鞋。但因设计费用问题，高柏公司未能进一步完成详细规划。

↓有车的新资产阶级
↓工厂工人骑车回家

→“荷兰风情街”的背后
→邻近的住宅

HOLLAND VILLAGE
涌丽源商务SPA
上海市高荷路-河中岛301弄1号
开发单位：上海新高桥

→用途未明的教堂
→被用作幼儿园和超市的老式荷兰鱼市场

项目结果

历时仅 6 个月的规划工作结束，高柏公司和荷兰工作室最终因无利可图而拒绝落实监督工作。中方负责落实建筑设计和施工。清理高桥河域后，一个令人愉快并具有高品质的公共空间形成了，那里有很多绿化，还有风车和吊桥。部分由复合材料和钢铁制成的风车，现在被当作婚纱摄影取景地。不同于泰晤士小镇，高桥没有建造大量四处泛滥的复制品。但是，取而代之的是一种被歪曲的引用，例如河滨公园的浩弗韦克（Hofwijck），它实际上是荷兰皇家建筑的副本。

整个开发，计划在 2006 年年底完成。但在土地整顿和拆迁完成后，该规划在很长一段时间内都处于停滞状态。由于政策改变和开发商的撤退，施工进度曾一度不明朗。

2009 年以来，住房建设似乎加快了进度。围绕城市广场修建了阻碍视线的阿姆斯特丹海事博物馆（Amsterdam Maritiem Museum）和蜂巢（Bijenkorf）商场的复制品，然而其建筑材料和细节是非常不同的。

庆幸的是，新规划紧密联系了现有的小镇生活和发展需要，因此，周围还有些设施，例如商店、餐馆、医院、学校、娱乐等，也创造了一些就业机会。

规划的主要街道建满了“老荷兰”外形的建筑，为婚纱摄影提供了如画一般的场景。现在的主题既是“美食街”，又是“荷兰生活街”。世博会开幕前的几个月内，许多商店都在这里开张：水疗馆、花店、美容店、荷兰式宾馆和几个商店，甚至有喜力啤酒屋。

所有的公寓都已售出，但绝大多数的房子仍然空空如也，似乎没人居住。公寓的面积在 100 ~ 130 平方米，与荷兰的标准相似。有些房屋甚至在前门有一个小花园。中国同行自行设计了平面图，并试图使其适应中国的标准。

所有建筑都用当地材料：石头代替砖块，钢代替木头。总体的建筑质量有点令人失望。墙壁总有裂缝，有些重要细节被错误施工。这在中国是一个普遍问题——由于速度过快，而且缺乏好的材料和熟练的工人。

不同于原计划，所有的房子都是西南朝向或东南朝向，这在城市设计方面未造成太多问题。相对严重的是运河系统，荷兰水城的基本功能并没有解释清楚，还有几条规划中的运河没有建造。

还有一个主要的问题：“荷兰村”的大部分街区隐藏在大门和围墙背后。住房的原目标群体，是老高桥的当地居民和一些在外高桥保税区工作的外企管理人员。如今，大多数居民似乎是较富裕的中产阶层，其中有许多企业家和政府官员。目前，豪华别墅区正在建设中，并配有封闭的大门。如此一来，城市的风格和社区性格呈现似乎仅限于主要公共街道。部分原因是源于中国房地产业打造“小区”的习惯，但这似乎也是由于对居民需求的不了解造成的一种千篇一律。当然，富有的中产阶层不喜欢大窗或者开放式的建筑，因为这让他们感觉不安全。

更不幸的是，原有的规划现在似乎已沦为一个带有后现代主义色彩的平庸城郊。客户期望的“文化汇聚”，被单纯理解为装饰品和图像的借用。这同样也发生在阿姆斯特丹城市，在运河两岸造满了意大利式和其他国家的折中主义古典的复制建筑。

LAWSON 罗森

泰晤士小镇
（松江区）

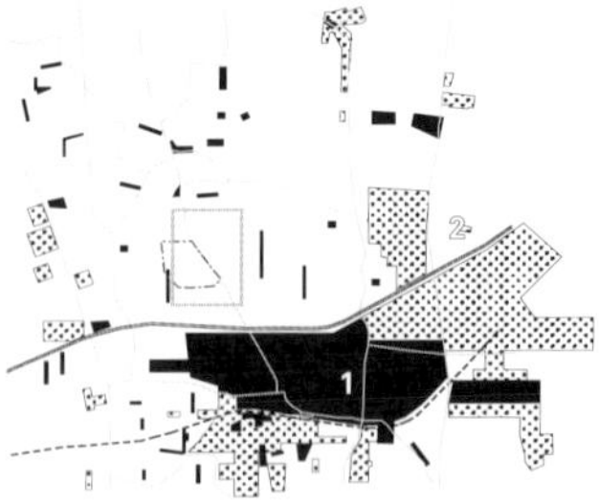

2000年

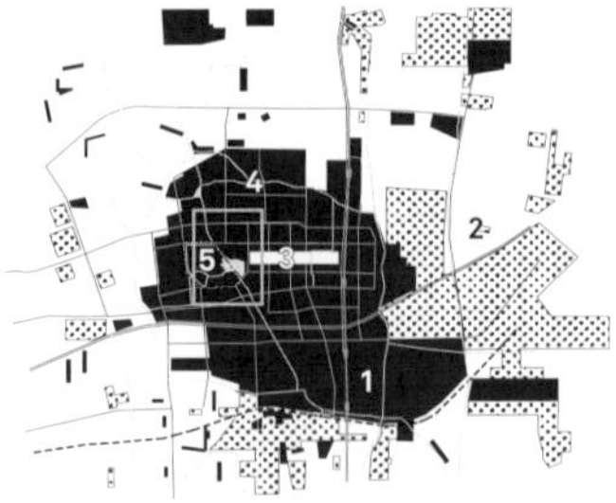

2010年

2020年

0 5km

城市区域
工业区域
规划区
地铁
1 松江
2 松江工业园区
3 松江新城
4 松江大学城
5 泰晤士小镇

客户 / 开发商
上海松江新城建设发展有限公司（SNCD），
上海恒和房地产有限公司
外方设计单位
英国阿特金斯设计工作室
中方合作单位
中国建筑上海设计研究院分公司
设计时间
2001—2003 年
执行情况
基础设施和主要设施在 2003—2004 年完成，
住房在 2004—2006 年建造
泰晤士小镇规划面积
1 平方公里
松江新城规划面积
36 平方公里
泰晤士小镇人口（2001 年）
未知当地农民数
松江新城人口（2001 年）
50 000（不包括未登记的“流动”居民）
泰晤士小镇人口（2010 年）
几百（无未登记的“流动”居民）
松江新城人口（2010 年）
约 500 000（不包括未登记的“流动”居民）
泰晤士小镇规划人口（2020 年）
约 10 000
松江新城规划人口（2020 年）
约 800 000
泰晤士小镇规划密度（2020 年）
10 000 人 / 平方公里

2010 年建成
未建
0
200m

设计这个项目，我们获得了很多的乐趣。我们打破了朝南的设计规则，用舒适而人性化的尺度，创造了一个以行人为中心的城市。

保罗·赖斯（Paul Rice），阿特金斯集团（Atkins）设计总监

快客
脉动
脉动
脉动

←一家开业中的商店

→英国特色的环形交叉交通
→上层阶级的豪华别墅

项目背景

追述老松江的历史，远比上海老城区悠久，特别是在明清两代极为繁荣。松江位于长江冲积三角洲，几个世纪以来一直作为重要的港口和贸易地区，至19世纪中叶，由于外国租界的建立导致上海的蓬勃发展，才有所改变。由于松江拥有上海地区唯一的山丘——佘山，而成为富裕阶层热衷的度假胜地。1871年法国人也在佘山山顶建成宗教圣殿——佘山天主教堂。松江在1950年被指定为卫星城市，旨在建造大规模住房和工业区。如今的松江新城，作为松江区政府所在地，不仅是一个重要的工业园区，也是一个富有阶层的主要别墅区，加上七所新建的大学，现也是一个"精英的摇篮"。

规划及进程

随着上海"一城九镇发展计划"（1999年）框架的出台，松江开始发挥其作为一个新城市的功能。2001年，英国阿特金斯集团赢得了整个松江新城战略总体规划和示范区城市设计的国际竞赛。作为获胜公司受托为泰晤士小镇制作详细城市设计和建筑设计，而泰晤士小镇力求打造一个迷人的郊区生活环境，消费对象面向新建的松江大学城的教授们。阿特金斯集团上海办公室的设计总监保罗•赖斯（Paul Rice）介绍说："我们的客户着迷于有机城市增长的故事情节。这使得我们的设计不仅仅停留在表面形象。"该设计追求开放空间即街道和广场的层次结构，旨在创造一种社区感。所有建筑物设计为不同的高度，几乎没有重复的设计。

除了房屋，泰晤士小镇也被立意为一种旅游资源。作为对上海市政府意愿的升华，将中心城市的国际影响迁移至郊区，泰晤士小镇仿照了英国的农村村庄，如伯克郡（Berkshire）或萨里郡（Surrey）。阿特金斯的设计团队就英格兰南部小城镇的建筑类型学做了深入研究，并把泰晤士小镇设计成一个具有历史想象的翻版。城市规划包括一个密集的"历史"核心与蜿蜒的街道，郊区式小区和城市边缘的一些别墅群，就好像它是一个有机生长的结果。在中世纪式的中心区也有"绿色村庄"和布里斯托大教堂的翻版。出于市场营销的动机，开发商需要教堂功能作为关键元素。在蜿蜒的街道，排列着哥特式、格鲁吉亚和维多利亚时代的外墙。这里有几家酒吧，甚至可以找到一家碟片商店。遵循当地的建筑规定，所有建筑物的结构框架都由混凝土建成，外部用砖或瓦装饰，宛如薄薄的皮肤。当地的建材，甚至家具都是从英国进口，以满足开发商对真实性的追求。只有混凝土框架结构和屋顶的石板瓦（中国石板更便宜）不是进口的。赖斯说："烟囱不仅仅是装饰，其功能是通风，比一般的塑料管材更好。"

中心区的商店、设施及公共场所由上海松江新城建设发展有限公司（SNCD）建设——一个半私有半政府的一级开发商。SNCD把泰晤士小镇的五个小区分给不同的二级或三级私人开发商开发。主要的基础设施，如博物馆、当地政府大楼和一些设施及商店由SNCD和上海恒和置业有限公司于2004年完成。几个月后，其他开发商开始建造住房和一些设施。2006年泰晤士小镇竣工。

阿特金斯集团在英国的布里斯托尔和牛津及上海当地的办事处完成该设计。相对于其他项目，泰晤士小镇设计阶段持续相当长。为了坚持兴建不以南方为主导朝向，尺寸更小些的街道和区域，在因偏离当地建筑法规而需获得许可方面消耗了更多的时间。据赖斯说明，客户多次访问英国，了解英国风格的特定要求。而当地建筑法规要求中有最低限度的电缆和管道宽度。街道宽度常常不超过6～10米，设有行人导向。尽管如此，阿特金斯集团的设计人员多次讨价还价，以实现狭窄蜿蜒的街道规划。

规划像"加拿大"的枫泾新镇和泰晤士小镇，实际上与新城市主义运动和发展有直接联系，类似英国的彭布里镇（Poundburry）。为了达到中心区无车的效果，修建了几个地下停车场。同时，这些地下停车场也被要求发挥紧急庇护所的功能。

根据保罗•赖斯透露，阿特金斯集团在泰晤士小镇的成功之后，收到许多类似项目的请求，但他们都拒绝了，因为设计团队有不同于此的目标。"有时他们甚至要求西班牙风格的小区，"赖斯说，"但我们对此并无兴趣，一般把项目介绍给西班牙同事。"

项目结果

泰晤士小镇可以视为一个完全由市场驱动的项目。2004年，泰晤士小镇被评为长江三角洲地区最具投资潜力的房地产。自交付以来，每平方米的价格急剧攀升，并对周边地区的价格造成巨大影响。据说几乎所有的房屋和别

体检会所
松江规划馆

墅在第一次开盘销售期间售罄，有些买家甚至用巨额现金付款。在中心地区的低层公寓，靠近公共街道，由于安全问题销售稍慢，但即便如此，这些房产也迅速售出。今天大多数新的房产几乎都是用作炒卖，约有一半的别墅为永久性居住。大部分居民似乎是白领阶层，在政府机构工作或受雇于有关的行政单位。一些房屋用作度假。在准历史核心区房屋入住率更低。但是，40 平方米左右的小公寓似乎全住满了人。虽然有人对住房投机运作，但似乎对商店并无兴趣。一个幼儿园已开张，但邻近的学校仍然是空无一人。

无论如何，泰晤士小镇已成为婚纱摄影热门的取景地。几个摄影和化妆工作室在此开张，也有花束和结婚礼服出售。在阳光明媚的时候，随处可见几十对新娘和新郎们，人们乐此不疲。

为了打响泰晤士小镇作为一个产品的“品牌”，吸引游客，开发商举办多项活动，如环球小姐选举等。一些著名的艺术家们应邀到此开办工作室，但至今没有什么结果。令赖斯感到遗憾的是，外围社区缺乏公共职能，这与最初设计的意图相悖。“现在这些部分是单一功能的住宅区，如同宿舍小镇，”他补充道，“这是由开发商的商业模型导致的。外围部分曾设想赚回环城公路内公共核心区域花费的费用。”

虽然这种社区配有隐秘外围和唯一出口的通路（cul-de-sacs），具有一些英国街道的特征，但围墙和障碍物应除外。在中世纪式的核心区有些较小的便宜公寓阁楼，但由于目前的的高房价，使收入较低的阶层望而却步。更多的原因是这里位置偏远，远离地铁和工作区域。据开发商声明，泰晤士小镇是“乡村居住”。住在这里的人们需要汽车。

据 SNCD 的项目经理陈朝解释：“我们的设想是要赶上西方质量的标准。建筑看上去非常好，有些人有能力在此买房，有些不能。似乎建筑风格并不能与他们的生活方式相对称。”尽管有许多的非议，越来越多的新店铺雨后春笋般涌现，似乎永久居民的数量也略有增加。也许几年后，这个镇可能会变得活跃。

1027

INCOM PLETE
SMALL TOWN
COFFEE

城桥新镇
（崇明县）

客户方

上海城市规划管理局

外方设计单位

德国 ISA 国际设计集团（Internationales Stadtbauatelier）与白桦力 Bertrand Warnier（巴黎）和 Gunter Kölz（斯图加特）合作

中方合作单位

上海市城市规划设计研究院（TJUPDI）

设计时间

2002 年 7 月—2003 年 7 月

执行情况

2003—2020 年

城桥新镇规划面积

20 平方公里

城桥老镇面积

8.5 平方公里

城桥新镇人口（2001 年）

未知当地农民数

城桥老镇人口（2001 年）

60 000 市民和农民

城桥新镇人口（2010 年）

几千居民

城桥新镇和老镇人口（2010 年）

63 224 市民和 28 095 农民（不包括未登记的流动人口）

城桥新镇规划人口（2020 年）

120 000（非农业人口）

城桥老镇和新镇规划人口（2020 年）

200 000（非农业人口）

城桥新镇城市密度（2020 年）

约 7 000 人 / 平方公里

城桥老镇密度（2001 年）

10 740 人 / 平方公里

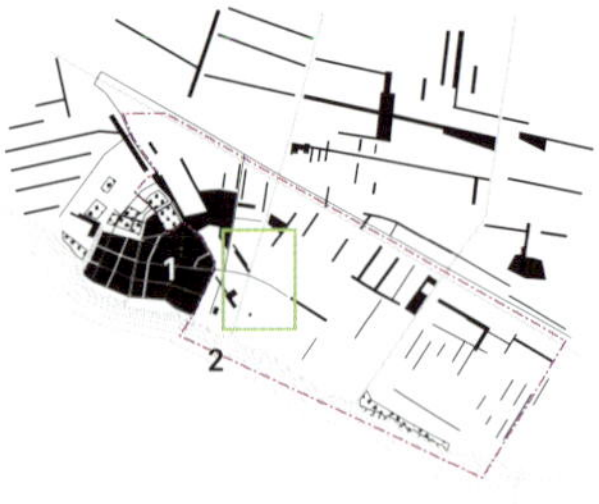

2000年

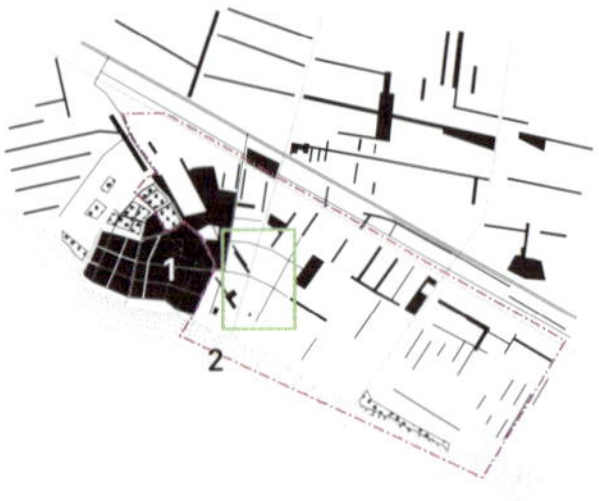

2010年

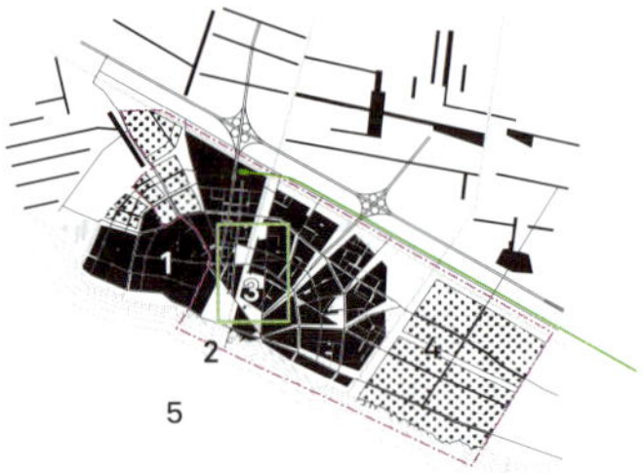

2020年

0 5 km

城市区域
工业区域
规划区
地铁

1 老城桥镇
2 乘船去上海
3 中心商务区
4 工业园区
5 新路 / 地铁衔接的研究

2010 年建成
未建
0
200m

我们不能把自己的想法强加于人，应该牢记的是我们应为城桥和上海人民服务。然而，这无疑是一种非常昂贵的规划方式。

米德睿 (Michael Trieb)，ISA 合作伙伴

多味坊
DO WELL FUN
内设棋牌

项目背景

崇明县是上海最后一个“县”级行政单位，包括面积更小一些的长兴岛和横沙岛，但这也许很快会改变，因为上海—崇明—江苏的长江隧桥最近已部分开通(上海浦东—长兴岛—崇明岛)。

崇明岛是世界上最大的冲积岛。自8世纪以来，逐渐由几个小岛屿和沙洲冲积而成。崇明岛的北部和西北部皆为填海而成，海堤到处可见。1958年，崇明岛划归属上海市政府直属管辖。

目前，这个有“绿肺”之称的岛屿上，多是田园诗般的乡村，传统依然鲜活，鲜花遍地盛开。该岛包括四个小镇，有些工业涉及电子设备、制药、冶金、造纸和钢铁，还有棉纺厂和几个船厂。农业土地主要用于耕种(大型政府示范田和小型家庭农场)、渔业养殖(鳗鱼和大闸蟹)、畜牧业以及零星却丰富的娱乐设施。占地360公顷的前东平林场，如今已被开发成东平国家森林公园。

现今仍然居住于此的居民，大多从事农业相关的工作，收入较低。而更多的年轻一代，则选择迁移到城市，以寻求一份更好的工作。年迈的父母们建造起既传统又宽敞的房子，堆满了家具，等待他们回家。

项目规划

2002年，德国意厦国际设计集团(ISA)在城桥镇新城市总体规划设计竞赛中获胜。城桥镇是崇明的中心镇，其设计方案是将现有城市进一步扩展。ISA希望把城桥镇设计成为上海周边传统“水城市”的现代版本，类似朱家角、同里、乌镇等，所不同的是，这里未来的生活中，还将有大型的航船和游艇港。

ISA也试图设计一个被“国际认可”的新城市，尤为重要的是，这一切都将以中国元素为基础。与大多数外国建筑师设计偏重视觉效果相反，ISA更擅长设计一个温和宜人的“花园水城”，建筑最高4～5层(低于树高)。作为最基本的设计理念，整个公共空间将布满密集的树木。城镇中心的重建理念，包括重新设计街道系统，并且拓宽人行道；通过拆除一些建筑物和引进绿色公共空间系统，实现降低密度的效果，新的城市核心还会有一些高楼大厦。新镇的中心区域将出现一个豪华的游艇港。海滨区域还设有游船和货船停靠码头。引用ISA的话来说——“这个设计是美的效用”。城桥新城希望能够吸引更多的游客。而将来可能会有地铁和上海市中心连接，居民往返两地会变得非常便利。

该设计试图找到与中国传统氛围的衔接点，尊重老城墙的旧址，并将老马路和运河纳入新的城市结构。以扇状集中的总体设计使未来的增长成为可能。五个楔形物看似“绿手指”，其中包含运输走廊，并与城市及周边城市连接。这半环形中有对角线的系统，应该形成短距离连接。这是ISA生态战略的一部分，其中也包含了电车或轻轨。

运河沿岸城市轴线形成主街，长约3公里，从北面的车站到南面的港口。该轴线串起了城桥镇主流的生活动线，包括文化设施：娱乐中心、银行、办公室、剧院和一个公园，以及一些高层公寓和高档住房区。政府所在地位于轴线中心的一个半岛上，中央商务区、港口管理办公室和物流中心也在其中。该地区设计了一幢35层的高楼，以创造“一个有吸引力的标志性建筑和空间”。

“花园水城”是由多个自给自足的社区组成，每个社区都有自身的教育、卫生、社区和文化设施，每个社区都将容纳7 000～12 000名居民。各个社区由放射状绿化带和运河彼此隔离。所有公共设施都设计在这些绿化带中。

客户也要求一个拥有现代化设施的中国式庭院居室，以此作为“安居生活”的标志。ISA试图把原提案的欧式街区，转化为几乎完全开放的“尝试解决南北朝向的教条”。该设计的集群包含一套灵活的原则，可以在尺寸上扩大。两层的联排住宅均带私人院落，部分空间可被向上再建三或四层。这一理念，在时间和空间上，进一步拓展传统的中国南北朝向的联排住宅。

项目过程

2002年，上海市政府邀请各方参加崇明地区新镇设计，并没有提出特定的主题要求。这项为时3个月的设计竞赛中，需要提供一份包括完整的新城市总体规划和重点领域的详细规划。据ISA合伙人米德睿解释，客户方提供了所有必需的资料，他们非常专业，规划的任务很全面。从土地使用到对未来基础设施和工程问题，如地下水的管理规则和抗洪防护技术也在要求之列。米德睿说：“他们想拥有具有自己形象的可行性城市，一个正规的计划，附带许多出众的城市元素。”

↓新小区里的工人阶级雕塑
↓长江隧桥开通后，崇明岛不断增多的汽车
→新小区的一些地中海元素
→城桥新镇与农村的边界

2002 年底，上海市城市规划管理局要求 ISA 在他们的获奖设计理念的基础上，重新设计总体规划，包括两个重点领域。ISA 与上海市城市规划设计研究院合作，总共花了 4 ~ 5 个月的时间完成新的规划方案。新的规划吸取了当地的标准和规定。值得一提的是，尽管 ISA 是德国公司，但第二期规划主要由其上海办事处的员工团队完成。德国方面的交通工程师和专家在一些具体的设计问题上，参与了基础设施方面的合作。

“整个设计过程告诉我们，应该有一个中心思想，”米德睿总结，“制订总体规划后，我们发现它具有放射状的结构。有人说：‘它像银杏叶！’我永远不会忘记那个时刻。在日常生活中，这里没有人会看到这种形状。但对中国人却认为这带有寓意。”张亚津（ISA 的合伙人）表示：“对于中国人而言，这片银杏叶带有双重含义，阴和阳，老城镇和新城镇。轴线起到‘绑定’的作用，把这两部分串连起来。”

项目结果

据 ISA 的策划人介绍，设计工作的最终结果是相对令人满意的。取消了带有供水系统的中央公园和公共文化设施，原因是太过昂贵。自 2003 年底，ISA 失去了对该项目的控制，并决定退出。米德睿说：“通过谷歌地球（GoogleEarth），我们可以看到街道系统似乎是被采用了。”

米德睿认为，中国采用他们的设计想法作为一种灵感，并进一步发展自己的理念，部分 ISA 的设计被采用了，但混合了其他想法。米德睿表示：“起初是很难接受的，但是现在——2010 年，我可以看得更清楚，这就是中国的城市。他们必须住在那里，而且他们必须创造自己的新家园。我们不能把我们的想法强加于人，我们应该牢记我们是为城桥和上海人民服务的。然而，这无疑是一种非常昂贵的规划方式……”

苑
5

罗店新镇
（宝山区）

客户 / 开发商

宝山区罗店镇 / 上海房地产有限公司和上海金罗店开发有限公司

外方设计单位

瑞典 Sweco 建筑设计公司，瑞典皇家工学院城市规划与设计学院合作

合作第一期中方合作单位

上海市城市规划局与宝山城市规划和土地管理局

合作第二期中方合作单位

同济大学建筑设计研究院

合作第三期中方合作单位

上海市建筑设计研究院有限公司（SIADR）

设计比赛时间

2001 年 5 月 —2001 年 8 月 竞 赛 /2001—2004 年详细规划和施工

执行情况

2001—2013 年

规划面积

约 6.8 平方公里（包括 3.4 平方公里景观）

罗店新镇的人口（2001 年）

未知农民和村民人口

罗店新镇的人口（2010 年）

几千市民（未包括登记的流动人口）

罗店新镇规划人口（2020 年）

80 000 市民

罗店新镇规划密度（2020 年）

12 000 人 / 平方公里

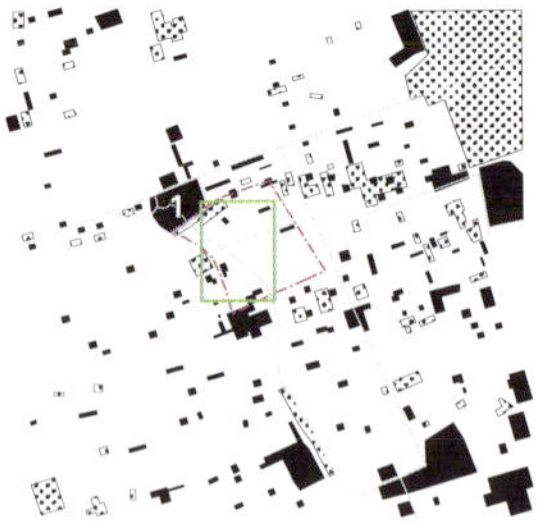

2000年

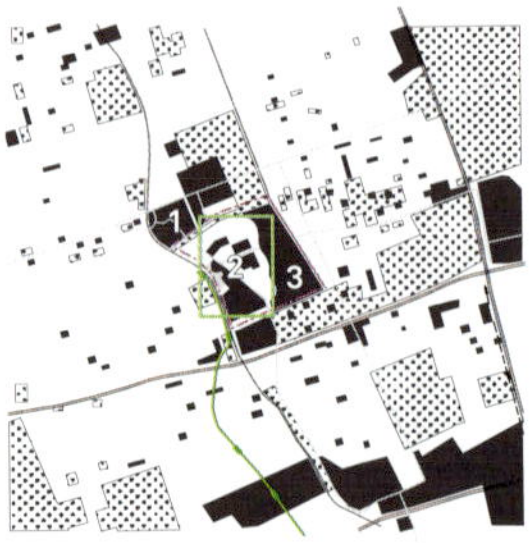

2010年

2020年

0 5km

城市区域

工业区域

规划区

地铁

1 罗店老镇

2 罗店新镇

3 两个 18 洞高尔夫球场

4 已规划的居住区

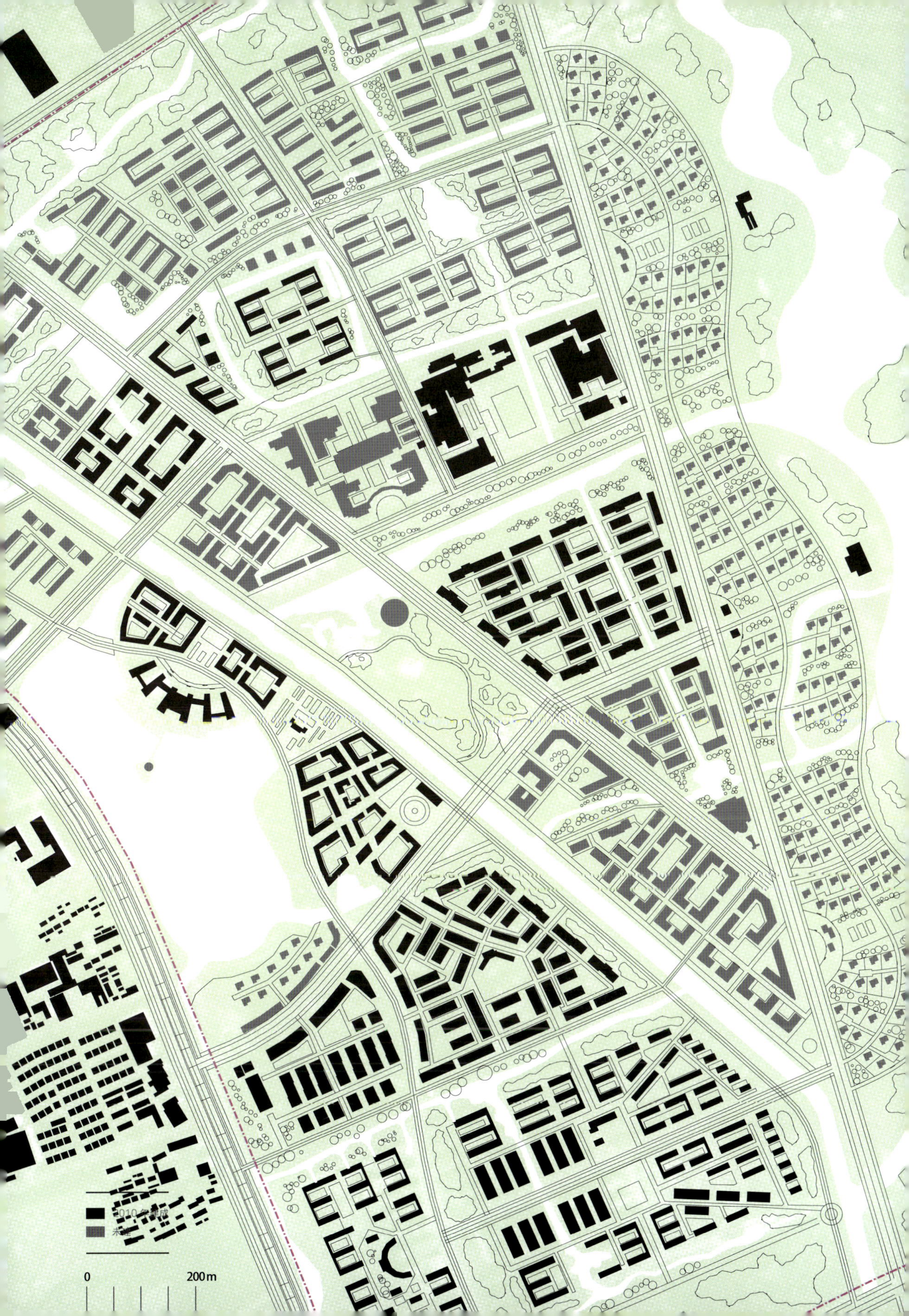
2010年建成
未建
0
200m

我认为市政府应与私人开发商达成某种协议，以防止投机，并给予他们长期的责任。土地是一种宝贵的资源。把城镇建设作为市场化产品来做是一件可悲的事。但是，我们作为规划师，没有足够的力量对此产生影响。

乌尔夫·兰哈根（Ulf Ranhagen），瑞典 Sweco 建筑设计公司首席建筑设计师

60

← “斯堪的纳维亚式”豪华别墅（摄影 / 陈泰明）

→ 罗店老镇受污染的运河

→ 罗店老镇的街道

项目背景

罗店是一个老集镇，具有 700 多年历史。因其战略位置的重要性，而有“金罗店”之称。如今它靠近郊区环线高速公路（S30），并有高速公路（沿江高速）通往南京。钢铁巨头宝钢工业区落户在此，主导了周围的景观。目前尚存有一些未开发的地块，甚至还有一些文物残迹，如桥梁和庙宇等散落其间。作为“一城九镇”发展计划的试点镇，罗店新镇确立了其品牌形象，以瑞典风格为代表的，一个具有北欧风情的小镇。改建立意点在于“吸引（国际）投资，发展旅游业”。

规划和进程

2001 年 8 月，瑞典 Sweco 公司赢得罗店新镇总体规划的国际竞赛。几个月后，2002 年，以香港为基地的中国新城镇发展有限公司（CNTD）与宝山区政府合资成立“上海金罗店房地产与发展公司”，并在香港股票交易所上市。它是全国第一家以新城的规划和发展为其主要业务，而设立的私有公司。他们和当地政府密切联系，并通过土地开发赚取利润。从地方政府获取土地使用权后，他们整合土地并建造基础设施。CNTD 的业务活动，包括搬迁当地居民，其中大部分是搬迁到规划区以外的地方。

Sweco 公司获奖后，在第二阶段，受委托设计总体结构方案和制订设计规范手册。该设计把两个现有的北部和南部的小城镇联系起来，两个小城镇也有新的道路连接。绿色通道网络，也将现有的运河一并整合进整个交通体系中来。上海市政府同时还批准了 8.6 平方公里的邻近工业区。

Sweco 公司的任务是建立一个现代与传统结合的瑞典风格小城镇，从传统的小城镇到现代街区，甚至包括一些郊区的别墅。Sweco 公司设计了不同类型兼有大别墅、排屋、多层公寓和市中心网格街区。据兰哈根介绍，综合性及可持续性是典型的瑞典特点：“但中国在制订设计任务书时引进并加入了中国元素，比如所有住宅必须都朝南。”

在此规划基础上，CNTD 把住宅区分成 10 个独立的街区，与拟议的功能小区对应。每个街区的土地使用权通过拍卖，招标，挂牌出售给第三方，也就是中国的地产开发商，而他们开发的主要基础设施如道路、公共绿化等，其产权仍旧属政府所有。此外，CNTD 开发管理和运营商业产业。罗店 CNTD 的收入来源主要包括了美兰湖酒店的房屋出租，斯堪的纳维亚风格的街头零售销售，两个会议中心的经营收益，18 洞高尔夫球场的会员资格销售，甚至还包括了若干个，由地方政府委托管理的公共设施（公园，体育馆和网球中心）。

Sweco 公司的下一部工作，是对城市中心区域和湖泊进行详细设计。各种小中型瑞典城镇和村庄汇聚在城市中心，这么做的目的是为了开发旅游资源。于是，这一区域也自然而然地形成了罗店新镇公共活动的核心区域。参与此地建设的中国开发商，组织了众多的公共活动来推广罗店新镇，比如广场上的音乐和舞蹈表演，有时有罗店乡村风格的演出，有时也有“北欧”风格的演出。

当地政府给予斯堪的纳维亚式的“文化景观街”以特别许可——允许部分建筑的朝向偏离南向。兰哈根介绍：“他们也想要美兰湖，一个斯德哥尔摩西部的大湖。湖泊是重要的，而且具有瑞典的典型特征，因为大多数瑞典城镇都有河流或湖泊。”100 吨自重的游艇可以从长江进入人工湖——美兰湖，在私人码头停泊。兰哈根说：“整个城市的中心是根据我们的规划建造的。我们参与了建筑物的详细设计工作。新镇的其余部分，我们也给予了指导。来自瑞典的我们不善于中国式的规划，但他们希望我们用瑞典式的方法工作。”现代会议中心也是由 Sweco 公司设计。详细规划由他们的中国合作伙伴——上海建筑设计研究院有限公司（SIADR）完成。

项目结果

1.2 平方公里的大斯堪的纳维亚式的核心领域，只用 9 个月和大约 3 000 名建筑工人就建成了。2004 年夏天竣工，兰哈根表示：“中国有能力同时进行概念设计和详细设计。”但是，这里的“市中心”，大部分房屋看上去似乎空空如也。一个外观看上去像瑞典教堂的建筑物，现在用作仓库。其他几个建筑物则被用作温泉浴场或婚纱摄影工作室。

除了新镇中心，落点罗店新镇的其他社区似乎活跃些。开发商瞄准中产阶级市场，这里的中产阶层被定义为“每年年收入超过 30 万元人民币”。据开发商透露，住在这里主要有三个群体：其中一个群体是在宝钢工作或其他附近公司工作的人（他们都是“白领”）；另一群是当地人为了提升生活水准，到这里买房的；第三个群体是上海中心

229

↓“斯堪的纳维亚式”的优美环境（摄影 / 陈泰明）
↓罗店开发商为吸引购物者而举办的活动

→新建中心的零售店和社区设施
→上层人士的欧式住房

城区的人。只有少数来自其他省份的居民。拥有 4 000 名学生的上海大学金融分校曾有意迁入，据说也有部分公司曾有意出资筹建，但最终该校迁入的计划似乎还是被取消了。罗店新镇拥有一定程度的自给自足的能力。作为 1-9-6-6 战略的一部分，它是 60 个新城之一。尽管它已经有些设施比如一个中学和一个（私人）医院，但其区域定位，似乎是一个专为上层人士服务的豪华郊区。目前，日用品商店等商业设施缺乏。庞大的 TSCO 购物超市正在原规划的大学位置开土兴建。

Sweco 公司的另一部门，一个大型瑞典工程公司，开发了地铁之外的快速公交系统。地铁应该在 2010 年夏天开通，但因为罗店新镇的几条道路是私有的，公交系统被取消了。宽阔的道路是美式规模，为汽车车流做准备。兰哈根坦言：“虽然（罗店新镇）密度比中国的标准低，但远远高于瑞典标准。”据 Sweco 公司介绍，原来的设计是针对各种收入群体的，但竞争初期，客户就要求设计应针对新生的中产阶层并带有旅游特色。可是今天，当你在罗店新镇，甚至会发现有些地方居然被禁止入内，并且有严密的防卫。为了成为美兰湖高尔夫球俱乐部成员，会员必须出示 100 万元人民币。该高尔夫球场是为了吸引全球财富 500 强公司的 CEO 们。

与上海其他地方一样，所有房屋很快出售一空。相对于其他地点，这里的投机客似乎较少。多数人购房用作度假或度周末。兰哈根总结道：“我们必须与顾问和开发商接触。但没有接触过未来的居民。与快速城市化并存的问题是，你建造一个市场，但这个市场似乎并不存在。”

据开发商分析，新城发展刺激了附近的市镇就业。在地铁西面，另外 7 平方公里的房屋建设的规划已经展开。上海金罗店发展有限公司经理孙晓萌介绍，“这里将建立一个中式住宅区，价格也会便宜一些。”罗店未来的形象品牌，是使零售区域慢慢地发展为一个著名的意大利品牌时装店——OUTLETS，也会有一个汇聚中国 8 种菜系的美食街，以及水疗馆、美容院、花店、婚纱摄影工作室。我们希望创造一个轻松的环境。”

百都大酒店

浦江新镇
（闵行区）

客户 / 开发商
上海市议会 / 上海华侨城投资有限公司和天祥华侨城集团有限公司
外方设计单位
格雷高蒂（Gregotti Associati）国际建筑设计公司，Traffico 工作室及奥雅纳（ARUP）工程公司合作
中方合作单位
天华建筑规划设计有限公司
设计时间
2001 年竞赛；2002 年总体规划；2004 年详细规划
执行情况
2004—2020 年（第 1 期在 2008 年完成）
浦江新镇规划面积
15 平方公里
浦江新镇人口（2001 年）
未知当地农民人口
浦江新镇人口（2010 年）
约 50 000（不包括未登记流动人口）
规划人口（2020 年）
80 000 ~ 100 000 市民
城市规划密度
9 000 ~ 11 000 人 / 平方公里

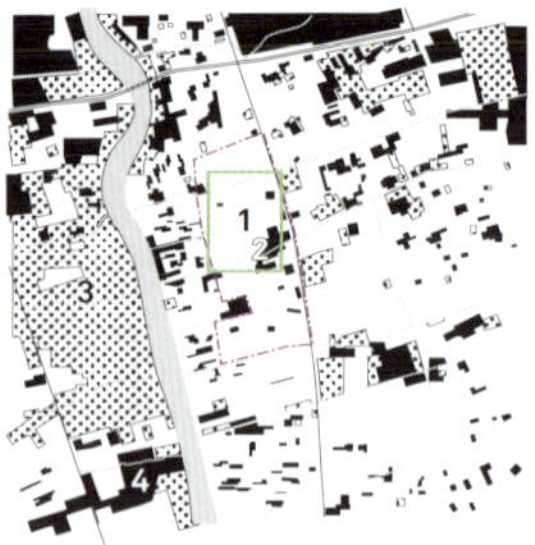

2000年

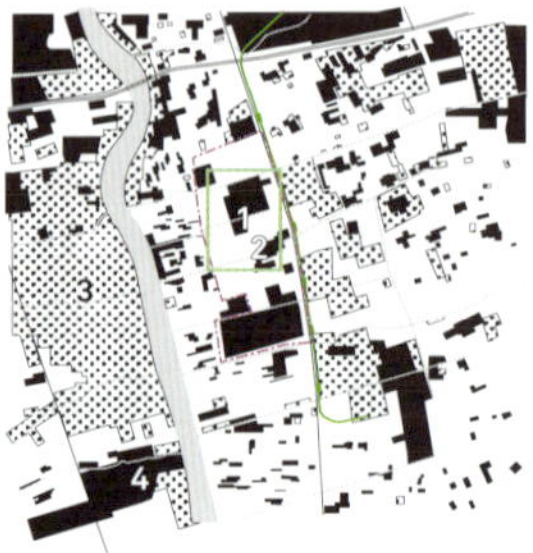

2010年

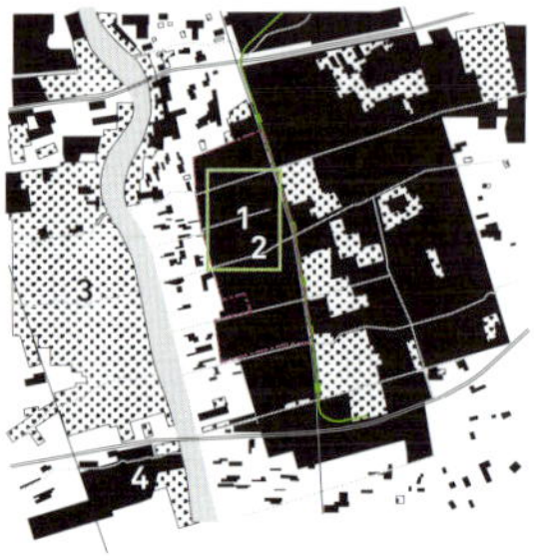

2020年

0 5km

城市区域
工业区域
规划区
地铁
1 浦江新镇
2 世博拆迁小区
3 化学工业
4 吴泾新村

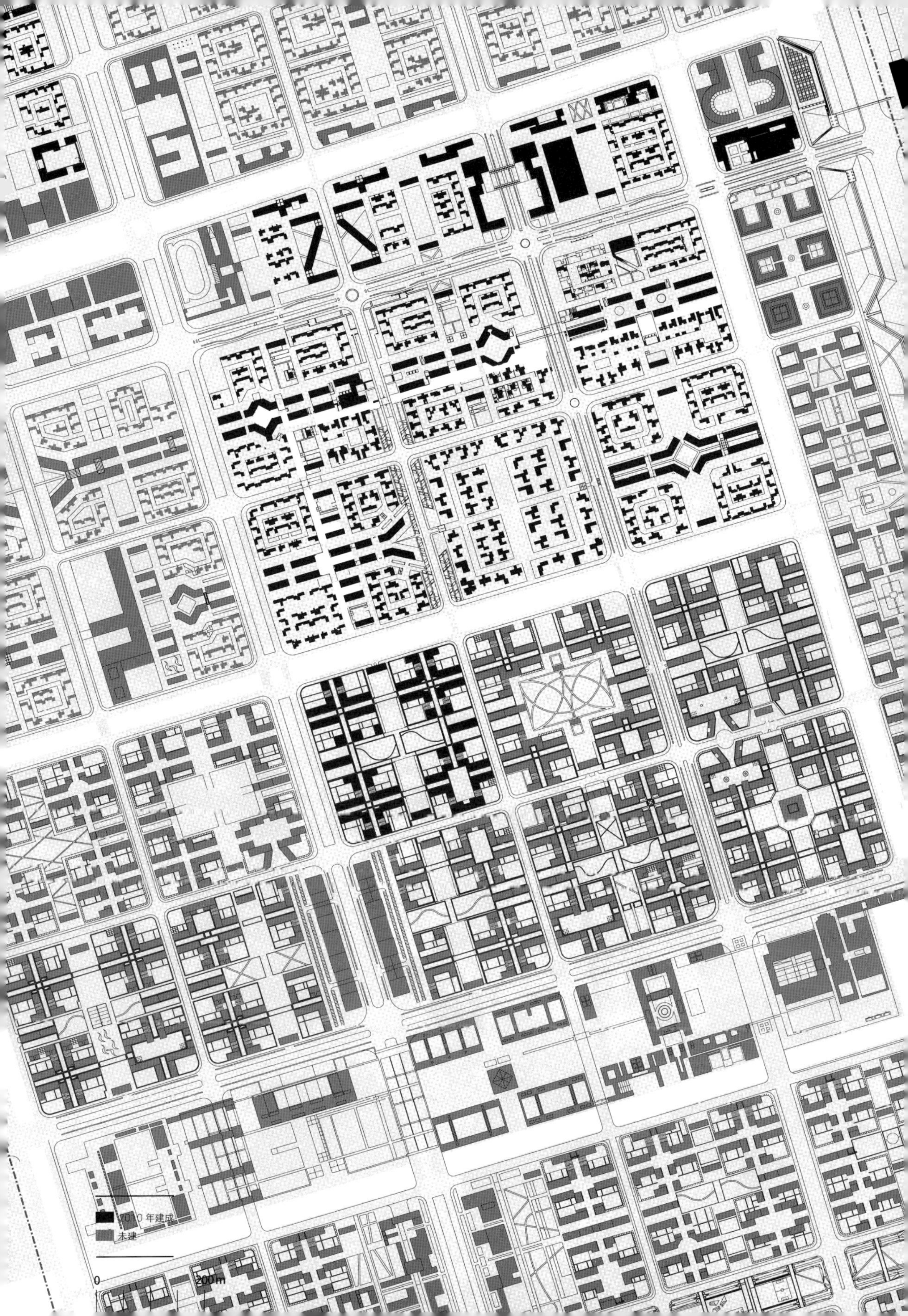
2010 年建成
未建
0
200m

建筑师生活在一个不同的世界里。我们要把他们拽回到现实生活中。绿水环绕的地块是最好的，用来建造博物馆实在是太浪费。最好是建造些豪华公寓。

李小勇，上海天祥华侨城投资公司（OCT）副总经理

37

← 庭院生活的新演绎（摄影 /Gregotti Associai）

→ 遭受破坏的旧村庄

→ 浦江新镇北部小区的街道（摄影 / Gregotti Associai）

项目背景

浦江新镇的设计是基于平坦景观特征的长方形运河系统。该运河海拔 6 米。新镇为许多世博园区拆迁户提供了居所，当地被征地的农民也被安置在此。

规划与过程

新规划建立在一张白纸之上，因为从设计上并没有任何浓厚的历史或背景因素。然而，运河系统形成了新的网格基础，道路、人行道和绿化空间又增加了额外的网格层。浦江新镇实现了一个现代文明社区，每家都有独立的厕所和厨房。宽阔的马路形成了小镇的基本结构，宽度从 26 米至 60 米不等。

围绕中心轴，浦江新镇被划分为一个“一流的社区”；一个密集的标准小区，是世博会拆迁户往南搬迁的地址；以及北部和西部的两个“生态小区”。

该项目由上海市政府直接执行，不像其他地区，由区镇一级的政府决定建设新市镇的规则。上海市市长把浦江新镇的发展作为一个优先项目，因为需要安置世博会原址的居民。在赢得 2001 年国际设计邀请赛后，格雷高蒂（Gregotti Associati）国际建筑设计（公司）受邀与市政府紧密合作。结果，这个总体规划顺利实施，原方案也未被过多地更改。不过，设计师与当地技术人员有许多分歧。最后的规划面积减少到 15 平方公里，整个公共海滨——作为一个休闲区域带有游艇水流域和第二个低密度“生态”区（可俯瞰水的别墅区，18 洞的高尔夫球场和骑马场），都被取消。但是，格雷高蒂公司还是能够落实其总体设计原则，特别是在天祥华侨城集团有限公司开发的 2.6 平方公里的样本区。天祥华侨城集团有限公司是中国最大的房地产开发商之一。

这是一个非常艰巨的任务，因为第一阶段的时间仅有短短 3 个月。客户要求的是“意大利城市特色的意大利式房屋与中国主题混合”。起初，客户曾设想配备威尼斯刚朵拉（Venetian Gondolas）， 作为市场营销工具。但是，格雷高蒂公司不赞同这种纯粹的拷贝，提出了一个新城市设计方案：基于正交轴，遵从旧的意大利小城镇以及传统的中国城市的规划。“网格按照严格的城市规则，并根据意大利的传统，保证建筑的多样性。”格雷高蒂公司的合伙人奥古斯托·卡纳第（Augusto Cagnardi） 说。格雷高蒂公司借用了 Tendenza 的想法——该想法开始于 20 世纪 60 年代的“意大利新理性主义建筑运动”，整体运用到新浦江镇的规划建设中去。总体规划将用地分为 300 米 ×300 米大型街区，形成“村落”。每个这样的区域形成“约 1 000 人的原始单位”，每个街区各具自己的身份，由道路包围，另有 4 条人行道和宽 12 米的自行车路线，与道路一起形成城市的基本网格。每个街区都将形成一个小区。格雷高蒂公司设计了四种住宅类型：Pompeiana 庭院式住宅、海滨排屋、河畔洋房、分契式公寓（Condominiums）。高层建筑作为标志，定位是“在具有战略意义的位置以彰显身份”。车停在地下室，因为地下水位相当高，这是一个昂贵的选择。

在过去，意大利城市的结构有清晰明确的界限。同样，新镇部分被绿化带围绕（部分作为高压电力电缆和体育设施的储备），一道绵延数公里的堆坡绿化，把外部的浦星公路一级地铁线隔离开，这样，噪声便有效地被隔离在外。堆坡绿化中有三个出入口，方便浦江新城内工作和生活的人出入，开车的话很方便，即便是乘坐地铁，这三个出入口与地铁站也相距不远。从这三个出入口延伸出三个“轴”，一直到河边。中轴线平分两个新市镇。

260 米宽和 1 500 米长的公园内，包含一系列具有“历史纪念意义”建筑：一个巨大的购物商场、酒店、写字楼、政府大楼、会议中心、医院、宗教建筑、大学和意大利宫殿（带有意大利园林的博物馆），以及具有纪念性的轴线，连接绿树成荫的宽阔大道和运河。从社区出发，两条公交专用道和步行网络可帮助人们方便直达。其他设施还有如社区中心、学校、图书馆和住宅区内的剧院等。

在赢得国际设计竞赛后，格雷高蒂公司在第二阶段的任务是为华侨城投资有限公司的 2.6 平方公里制订详细城市规划。格雷高蒂公司的中方合作伙伴天华建筑规划工程有限公司设计了基础设施。第三个阶段涉及样板区的建筑设计。为了创造更多的多样性，也邀请了其他几家意大利设计公司，其中有巴蒂斯迪（Battisti）、切利尼（Cellini）/ 科尔代斯基（Cordeschi）、加兰蒂诺（Galantino）、帕斯科洛（Pascolo）和里莉齐（Rizzi）——由格雷高蒂国际建筑设计公司负责协调。并统一白色花岗岩为建筑师们选择的主要材料。

所有建筑物“跟随”网格，并朝向南方。“建筑沿着

→ 新理性意大利式规划（摄影 / Gregotti Associati）
→ 受到威尼斯的影响

内部人行道路排列。并不能与外部道路平行。”卡纳第说。在一城九镇发展规划中，格雷高蒂公司的设计是唯一一个尊重中国传统建筑朝向。而且也考虑到“许多买房人为离退休的父母额外配置卧室”的愿望。（在中国，父母与子女同住并帮助照顾他们的孩子，是很普遍的。）

“该规划既不是中国式，也不是意大利式——居于两者之间”，OCT 副总经理李晓勇说。卡纳第指出，在广场和公共场所的丰富性和连续性中，可以找到意大利的影响，也可在使用了意大利标志的意大利宫殿中发现。与意大利的差异是街区的大小、密度和高度。

为了完成该项目，意大利和中国之间的交往相比大多数其他新城，显得更加频繁。中国团队多次访问意大利。一开始当地政府、开发商和建筑师之间的合作非常紧密。“我们建立了一种既有力又友好的关系。”卡纳第表示，“但是，当开发公司的员工更换后，合作关系变得更加商业化。”

项目结果

与西方建筑师涉足的其他新城相比，根据中西方规划师和居民的反应，浦江新城是成功的。不过，卡纳第并不完全满意。“样板区接近我们的想法，”他说，“但其他地区比起原来的建议，有更大的变动，特别是在建筑质量方面。相比意大利，更偏向中国化。布局和建筑方向改变了。建筑物之间的公共空间也不一样，更具开放性。”但这个现象也发生在其他大多数国家——规划师和开发商的意图总是有分歧。

更重要的问题是可达性和“层次”分隔。在当代中国城市规划中，通常把不同收入水平的人安置在不同的小区，而不是混合他们。格雷高蒂公司建议不同的房屋类型和价格的组合，因为这是欧洲城镇规划的本质。这一规划的结构，最后还是形成了社会阶层的区分，这与当代普遍的中国小区并无区别。一个新的破碎景观形成，远远脱离了社会主义理想。

由于对别墅的巨大需求，格雷高蒂公司参考意大利和中国传统，把这个郊区的别墅塑造成一个紧凑的庭院式住宅，带有私人围墙和遮阳系统。由于上海的房地产市场的暴涨和浦江镇特优的位置，别墅价格上升到极端水平。过去几年，在一些地区，房地产价格甚至翻涨两倍。所有公寓很快售出，别墅相对难一些。据开发商介绍，约有五分之一的房子被以投机为目的的消费者购买。几乎所有的业主都是中国人，约 20% 来自香港、澳门和台湾；从年龄层来看，大部分是中年人。

北部生态区的庭院结构（2.6 平方公里样板区由格雷高蒂公司设计）成为一个豪华的上层人士社区，即上海富豪阶层的居所。据格雷高蒂公司的初步规划，所有街区互相连接并有人行道直达。但由于该区块内土地（使用权）私有化，所有北部街区的“公共”道路被开发商设为不可直达并且严密保护。一家物业管理公司（OCT 的分部门）维护道路，绿地和公共空间。按照惯例，中国新城市土地使用权为70年。李小勇说：“没有人知道以后会发生什么事。10 年时间已然逝去。”

在最初的规划中，街面可开展些服务性活动和小规模生意，而且沿街的店铺允许直接开业。甚至设想了天台花园。这些在样板区绝大多数都未能实现。与之相反，南面的小区是由中国建筑师设计建造的中国标准化高层，那里的居民已迁入。虽然建筑和城市结构与格雷高蒂公司的理想并不设计匹配，这个南部地区却拥有一个愉快和更适宜的环境，以及普通居民的活动空间。

中心地区（应该连接北部样本区和南部拆迁安置区）正在建设中。最后剩下的农民将可能在本书出版之前搬迁。

↓南部小区的流动店铺
↓烘干衣物和播种农作物

→新镇边缘地带，面向民工的临时市场
→新镇边缘地带的园艺

东滩生态城
（崇明县）

客户 / 开发商
上海实业投资控股有限公司（简称“上实”SIIC）
外方设计单位
奥雅纳（Arup）工程顾问公司
中方合作单位
数家当地设计研究院和大学
设计时间
2005 年
执行情况
未知
东滩规划面积
86 平方公里（含湿地、缓冲区和休闲区）
东滩人口（2001 年）
未知
东滩人口（2010 年）
未知
东滩规划人口
50 000（2010 年），500 000（2040 年）
城市区域规划密度
至少 30 000 人 / 平方公里

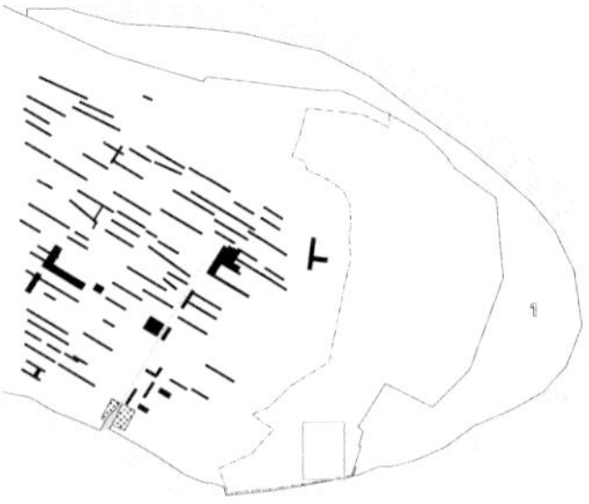
2000年

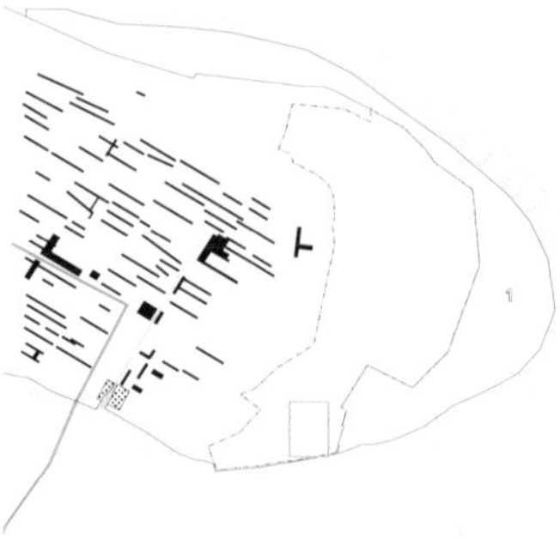
2010年

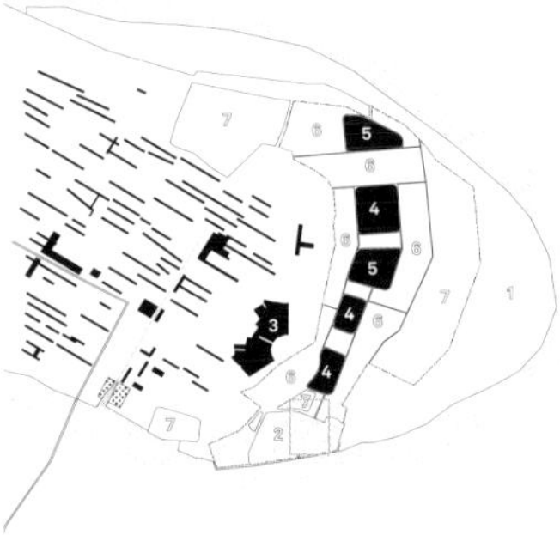
2020年

0 10km

- 城市区域
- 工业区域
- 规划区
- 地铁
- 1 湿地
- 2 中等密度住宅（样板区）
- 3 陈家镇新镇
- 4 低密度住宅
- 5 中等密度住宅
- 6 生态农耕
- 7 生态公园

2010 年建成
未建
0
200m

中国目前的发展是生态不可持续的，国内高生产总值即便达到了，但一旦生态被破坏，便很难逆回。

谢振华，国家环境保护局局长

← 东滩生态城的黄昏

→ 生态城市的许诺成为投机发展之地？
（摄影 /Rubén Dario Kleimeer）
→ 通畅的交通是城市化的开始
（摄影 /Rubén Dario Kleimeer）

项目背景

2001 年，崇明被国务院确定为上海可持续发展空间和未来城市拓展的重点区域之一。在能源利用效率和环保意识方面，崇明岛被指定为全国的模范地区。与此同时，40 多个本地与国际公司、组织，受邀规划崇明岛及其东滩的未来，进行了各种研究和设计比赛。2003 年，麦肯锡公司（McKinsey &Company）和奥雅纳公司（Arup）应邀为崇明东滩制订发展战略。后来，奥雅纳接受委托，把东滩设计成一个约有 50 万人口、零碳排放的可持续发展的地区。

2004 年，最终确认获胜公司为 Skidmore，Owings & Merrill's（SOM）。其在城市和农业总体规划中提出，该岛仍将以农业为主要经济引擎，并在南面的海岸线上，以当地资源为基础，规划一些小而紧凑的、约 100 万人口规模的小型城市。最后，由上实和上海市城市规划管理局共同编制的总体规划结构诞生了。

2005 年 11 月 9 日，前国家主席胡锦涛和英国前首相布莱尔签署了一项涉及贸易、科学、科技和教育等方面的协议。其中包括上海实业发展公司和英国奥雅纳公司的合作项目——东滩生态城。上实是中国一个大型国有集团企业下属的房地产公司。此次国际合作的意图，是把东滩生态城建设成世界第一个最大限度减少二氧化碳排放量，并且能保持社会和经济可持续性的城市。

奥雅纳公司所理解的中方意图，是希望设计一个动态的后工业城市模型，并且尊重自然环境，同时保证不限制经济增长的要求。在当今地球上经济增长最快的国家的最重要城市里，如何创建一个小型的生态城市？最大的挑战，来自于如何抵御当前城市化利益驱动下，大建高利润建筑所带来的诱惑。这项任务需要何其巨大的勇气和高瞻远瞩的魄力！

该项目同时表明，中国在快速城市化的背景下，依旧愿意接受并能够实现“可持续发展”的目标。而且这也预示着在备受争议的《京都议定书》之后，第一个可持续发展城市的诞生，不是在发达的西方国家，而是在中国！

项目规划

东滩的城市规划，是一个典型的紧凑型城市的解决方案，并带有混合功能和群聚效应。布局非常符合传统，满足了诸如对阳光、海风以及居所尽可能面对河畔等各方面诉求，绝大多数建筑朝南。社会可持续性发展方面，通过将城市分成几大“村庄”群的手段来得以实现。为保证低收入市民能够住得起房，一期建筑工人所临时居住的活动板房，在二期中，将改造成他们的永久住房。在此设想下，奥雅纳公司规划了 24 个公园和城市空间，每一个都从不同的角度和主题来反映本岛文化，而它们都是由当地的诗人和艺术家研发的。必须承认，在这一项目中有关中国式空间的讨论，远比其他区域的新市镇多得多。而接下来的阶段则是建筑设计，许多风格不一的建筑师被选中，其中也包括许多中国建筑师。此举也将确保在一些特定建筑中，呈现出多样性的风格。

需要补充说明的是，在该提案项目的第一阶段中，同济大学和伦敦的联合组织（现为可持续发展研究所）一起建立一个研究网络。该网络将共同研究并推动实施“低碳城市”的新技术，其目标是建立一个可为中国生态城市提供服务的“新技术、新系统”的培育机构，并进一步创造商业和研讨的机会。

接下来的几个阶段，便是需要吸引私营机构并创立国际研究机构，以此构建一个由新技术、新兴公司和专业研究公司联营的城市运作模式。

该规划也考虑到包括城市生活在内的方方面面。比方说，它能提供一整套先进且可持续的城市食品生产方案，以满足当地足够的食品需求；可再生能源由生物材质提供，因为在东滩地区，有很多水稻秸秆等废弃物。此外，该地区还可以凭借有利的地理位置，方便地利用风力和太阳能，而电力、热力和燃料等城市运作的一切所需，都可由再生能源提供。

“无障碍运输”是该岛迈向成功的最关键因素。因此，奥雅纳公司提出要建立两项运输系统：其一是水上的士、巴士和地铁；除此之外，还要倡导人们更多地步行或骑自行车，代替传统燃油汽车等代步工具。这种设想在当代中国一定是非比寻常的，但是回顾当地的历史，其实这也不足为怪：自行车曾是这里最普遍的交通工具。按照这个设想，所有开车来东滩的人都必须把车停在城外，在此停留期间都将使用“汽车俱乐部”的设施或当地的公交系统。

另一项建议是建立一个货物集散中心，城内运输则通过节能电动车来实现。这大大降低了能耗和排放，因为电源来自可再生资源。

→ 仍是大面积郊区的崇明岛老传统和田园村庄依在
→ 大农庄为后代作储备

为确保城镇居民的生活质量和维护自然生物多样化，在城市和湿地之间设计一个线性缓冲区，以保护数千种珍稀候鸟，其中包括东方白鹳、啸声天鹅、黑脸琵鹭、小黄脚鹬和白头鹤。

由于邻近鸟类和野生动物保护区，防洪就成了一个重要的规划问题。奥雅纳公司选择两种防洪措施：在城市里建立外部防洪墙和城市内部单元——当然，这将是一个相当昂贵的解决方案，在奥雅纳公司的设想中，从一些基础设施比如堤坝上的路或者建筑物下的大坝组建这些单元，每个单元都配置雨水收集系统。

项目流程

设计者必须在短时间内提供有说服力的建议。这就需要一个强有力的综合设计流程，其中包括大量的协商和讨论，这在中国无疑是相当困难的。

奥雅纳公司用他们的“综合资源模型”系统来模拟岛上的水、能源、垃圾、土地使用的影响等问题。计算机模拟显示，该地区最合理的城市密度一般只能有 3 ~ 6 层——由于土质松软，高层建筑显然不是最好的选择。而一定集聚的居民数量，才能使规划的各项基础设施得到充分利用。该模型利用各种先进技术，优化和组合未来城市的各个方面。由于每种假设都有各自特定的地方特色，条件和需求都不尽相同，所以设计流程在整个项目过程中需要不断完善。据奥雅纳公司的全球规划总监彼得·黑德（Peter Head）表示，东滩规划的过程，实质上是开发了一种“达到零碳目标”的方法论，而不仅仅是工地施工的蓝图。

事实上，该项目最大的挑战之一，是该地区的规章制度仍然是以工业化和道路基础设施等方面，作为发展要务。

由于中国快速城市化等方面的原因，所以相比发达国家而言，在中国建设生态城市其实更具应用性。中央和地方政府也越来越多地看清了这一优势，他们知道，不能简单搬用西方国家那种以“道路”为发展基础的模式。于是，中国在铁路和新技术方面投入了巨额的资金。奥雅纳公司认为，中国的公共交通设施非常先进，在其第 11 个“五年计划”中，中国宣布了令人难以置信的能源目标：与 2005 年相比，2010 年的能源消耗降低 20%。除此之外世界上没有任何一个国家能做出同样的承诺。但是，除了政府自上而下的大力倡导外，在许多地方官员的意识和法律法规的修订上，中国还有大量工作亟待开展。

项目结果

在 2005 年，基本规划完成后，上海市政府似乎着力于寻求全面发展的机会。崇明岛显然是一个重要的发展机遇，但与此同时，上海的房地产市场呈现下降趋势，期间还有领导层的人事变动。因此，该项目陷入了停滞状态。

在生态城市的想法之前，崇明岛已经有了雄心勃勃的道路和地铁修建计划。2009 年 10 月 31 日，上海—崇明—江苏隧桥工程的一期（6 车道 +2 条城市轨道交通预留轨道）投入运营。由此，从上海本土到崇明的交通从原先的 45 分钟（快速渡轮）缩减至 20 分钟（车程）。在隧桥的通车仪式上，有关部门正式宣布了崇明岛的发展目标。目前，正在考虑各种方案。长江隧桥一期工程的运营，导致崇明地区房产价格急剧上浮，市区距崇明的往返距离非常吸引人。奥雅纳公司东滩计划的目的，不仅要确保长期提供足够的就业机会，而且要限制人们频繁的往返。这一点，从低碳角度来讲无疑是非常重要的。眼下，在如此的状况下，可有另外一个选择，那就是让东滩居民更多地使用电力或新能源汽车——这应该是可能的。世博会期间，位于嘉定的上汽集团生产的新能源汽车已经试运行。

随着大量的湿地观光旅游者蜂拥入内，野生动物生存环境正在面临巨大的压力。崇明是一个具有吸引力的居住场所，很少有污染和交通拥阻，日后城市化的影响力必然会增加，甚至有些企业家甚至计划在岛上复制一个麦克•杰克逊的“梦幻庄园”。

在中国，对“可持续发展”的理解也迅速深入人心。彼得·黑德认为，单方面批评中方在合作方面缺乏进展是不正确的。因为中国还处于快速的探索过程中。“如果你经历迅速城市化，考虑不同的选择没有什么不对。这样的决策往往需要很多年才能做出。我想现在‘可持续发展’已认识到的实质，并不仅仅只有绿化；尤其是它和一些基本问题诸如废物管理、水的质量和能源相联系。中国正朝着一个正确的方向努力着，这项工作对于其他人而言，也是非常有价值的。中国有很多好的经验，值得我们借鉴。”这也是为什么奥雅纳公司仍想在崇明建立一个双向学习中心的原因，这可能对全球都是非常宝贵的财富。

尽管东滩规划推迟了，但是新倡议却纷至沓来。最近，

↓崇明岛上的老式厨房（摄影 / 孟嘉明）
↓田野郊区生活吸引崛起的中产阶层（摄影 / 孟嘉明）

→当地农民商店
→2009 年崇明过江隧道开通前，自行车是主要交通工具

新加坡政府合作投资天津的生态城市。相对于天津，崇明的规模较小，但目前多个国际设计案例研究课题正把崇明当作研究对象，旨在复兴中国农村。崇明作为个案研究的职能，重点在日常生活的可持续性。在居民的帮助下，试图寻求一个模式，为居民提供健康、生态和可盈利的生活方式。几个村庄已发展成为生态示范村，而且把技术解决方案和社会、经济的可持续性都考虑在内，为当地农民在有机耕作、社区农业甚至生态旅游设施等方面提供建议，以改善他们的生活水平。

正如乔纳森•沃茨（Jonathan Watts）在《卫报》（*The Guardian*，2005 年 9 月 21 日）上所写：“在 19 世纪，以英国为代表的欧洲教育世界如何生产；在 20 世纪，美国教育我们如何消费；如果中国领导世界迈向 21 世纪，就必须教育我们如何可持续。”

村民便利店
仙桥村仙桥店 NO.650
超能
是我想要的!

临港新城
（浦东新区）

2000年

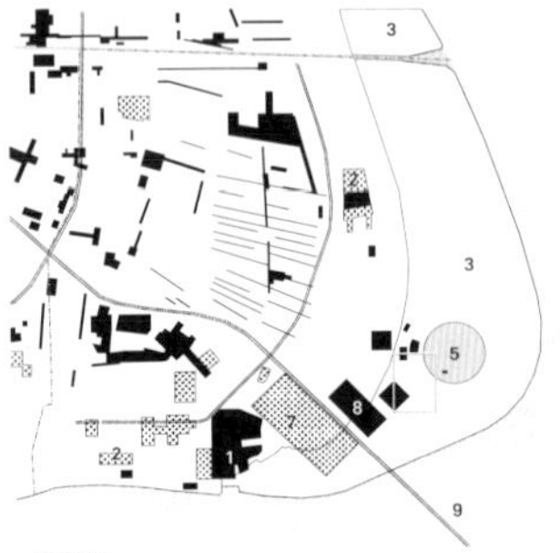

2010年

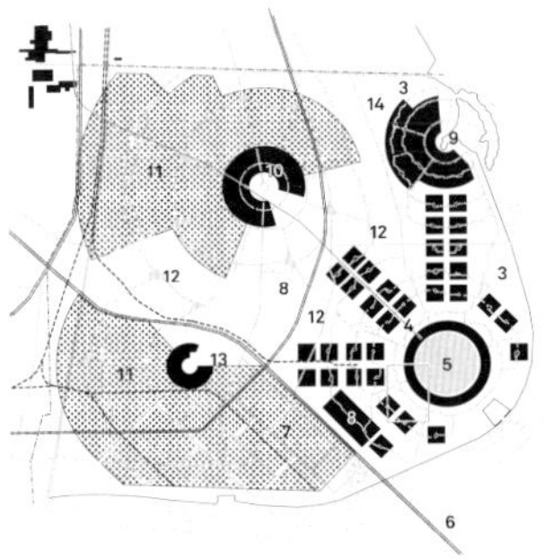

2020年

客户 / 开发商

上海港城开发（集团）有限公司

外方设计单位

冯·格尔康，玛格及合伙人建筑师事务所（Meinhard Von Gerkan，Marg und Partner 简称 gmp）与汉堡港咨询公司，Zentrum für 综合运输系统公司，Breimann & Bruun 景观设计，Ingenieur Dienst Nord 咨询公司，Schlotfeldt 照明公司合作

中方合作单位

上海城市规划设计研究所（SUPDRI）

设计时间

2002 年

执行时间

2003—2020 年

临港新城规划区域面积

74 平方公里

临港新城人口（2001 年）

未知农民人口

临港新城人口（2010 年）

约 200 000 市民（不包括未登记流动人口）

临港新城规划人口（2020 年）

830 000 市民

城市区域规划密度（2020 年）

约 10 000—20 000 人 / 平方公里

- 城市区域
- 工业区域
- 规划区
- 地铁

1 芦潮镇
2 集体农场
3 围涂
4 临港新城
5 滴水湖
6 东海大桥至洋山港
7 自由贸易区
8 大学
9 芦潮度假区
10 芦潮科学城
11 芦潮产业园区
12 绿化带和运动设施
13 芦潮贸易城
14 动物园

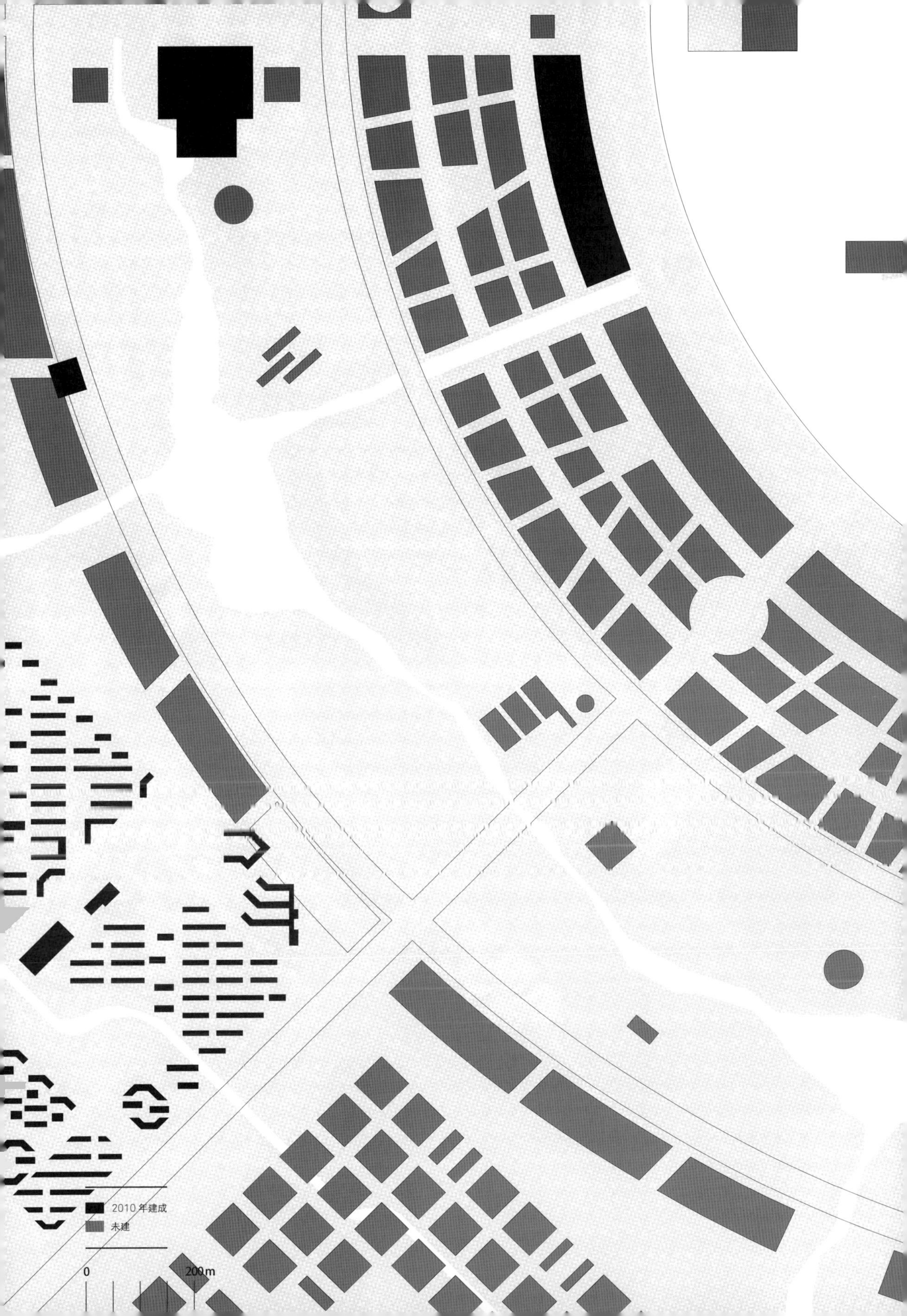
2010 年建成
未建
0
200m

私人开发商把城市当作低劣产品进行大量生产。

冯·格尔康 (Meinhard Von Gerkan), gmp 合伙人

← 德国 gmp 公司设计的海事博物馆（摄影 /gmp）

→ 在建的住宅区和远处东海大桥蜿蜒伸入深海港（摄影 / gmp）

→ 规划的新设施保留未来的增长（摄影 /gmp）

项目背景

由于有限的扩张空间和环境的原因，需要重新开发定位上海黄浦老港口所在地区。上海的港口功能大部分已迁移到沿海岸线地区，那里有巨大的新港口。众多港口中有洋山深水港，现存的部分岛屿成为新港口的组成部分。洋山深水港与东海大桥连接，该桥有 6 车道，长 32 公里（2005 年开通，世界最大桥梁），迎着潮汐景观从城市东南边伸入海中。港口可停泊全球最大的船只，其目的是建立世界上最大的集装箱港口。与之相应的，是大陆边缘一部分冲积平原，被用来建立新城市和一个巨大的产业和物流基地（因为岛上没有足够的空间），原有的景观和生态因此不得不被舍弃。最先的计划是在 1996 年建立一个海港和城市（芦潮港和临港新城）。2002 年，临港新城总体规划得到市政府的批准，之后国际设计比赛开始。同年，汉堡（上海姊妹城市之一）gmp 建筑设计事务所赢得了竞赛。在临港新城的规划方案中，gmp 被要求首先要设计一个人口规模达 30 万人口的城市，初步的方案看起来就像是“一个反向的迪拜世界岛”。而在第二阶段中，方案则被要求扩大到成为一个容纳 80 万人的新城市。

规划及进程

gmp 的获奖设计方案，就像是一滴巨大的水滴落入水中，溅起了层层涟漪——这是一个比喻，象征城市无限向外蔓延。gmp 的合伙人冯·格尔康（Von Gerkan）和他的团队用现代理想主义的理念来设计城市（据一些中国评论家“这个设计就居住而言，太理想化了”）。与霍华德的花园城市（Howard's Garden City）相反，它有一个明确定义的最大尺寸。冯·格尔康表示：“我们觉得霍华德的计划，并非是在思想意识上，而更是在方法上，使城市和自然融为一体。增长可由方案提议的辐射结构控制。”具有“革新思想”的 gmp 提倡，在相对高密度的中心区域建造一个人工湖。冯·格尔康介绍说：“它有几个优势。诸如解决了塞车、污染和噪声问题，而且也可以减少土地价值和投机问题。根据最初的设想，该地区将拥有一个超过 8 公里长的环湖区域！”滴水湖直径 2.5 公里（相当于杭州西湖），包含多个岛屿。周围有一个“无限科帕卡瓦纳”（Copa Cabana unlimited）式海滩和休闲设施围绕。圆形湖的部分灵感来自于埃及亚历山大湾及汉堡湾。这项规划的庞大规模堪比许多世界知名的新城，比如印度的昌迪加尔，巴西的巴西利亚和澳大利亚的堪培拉。

临港新城的设计就像是在一张白纸上作画。新城区分为两个功能区：港口和工业区。临港新城是填海而来的，并有堤坝防护；而临港工业区则是建在之前的农地上，因此占用大量农业用地，导致成千上万的农民搬迁。

虽然临港新城的核心是空的，gmp 却认为新的城市有了与众不同的中心区，降低了土地的价值问题。它始于一个海滨长廊，并带有密集的商务区（包括商场、餐厅办公室及公寓），其次是一个宽 500 米环城公园和公共建筑。辐射结构的外围有高密度住宅社区，每一社区的规模大约是 720 米 × 720 米，配有服务设施，人口约 1.3 万。这些“城市岛”由绿化带分隔，因为所有的住宅小区看起来非常相似，只有在公共空间内，尽力体现出城市的多样性。

中心区应该是“适于步行和以人为本”的，带有“临湖咖啡室和茶室”。且除了环湖大道主要是无车区。楔形绿地通过水道和湖面，从外围一直延伸入圆形的城市中去——中央的主题是“海滨生活”。gmp 认为这个城市可以吸引世界各地的游客。冯·格尔康认为：“水是人类最重要的资源，水也可以创建身份和生活质量。”这里的水系统甚至与京杭大运河相通。

轻轨将这里与上海城市中心的快速连通。由于地下水位过高，无法建地铁系统。工业交通仅限于临港新城的外围。建筑是传统和现代欧洲风格的组合。在东南面，规划了几个高档住宅区，面向东海。除了“水滴湖”和工业区，另外还设计了两个圆形的城市核心区，一个用于居住和休闲，另一个用于商业和研究。

项目结果

大部分基础设施框架和绿色系统已建成。一期工程，8 万居民的住房也已于 2006 年完成；二期正在建设中。目前，该地区一个大型物流大厦、上海海事大学的校园、研究机构和实验室已经完工。几家（国际）投资公司在这里落户，从重型设备到供出口的鲜花业。未来数年，这里将会聚集越来越多在港口，造船厂和运输行业工作的人。随着每年约 10 万人的增长，这一新城市将在 2020 年初具规模。冯·格尔康认为，城市人口规模甚至会增长到 100 万人以上，关于这一点，gmp 显然并未设想到。

→ 直径 2.5km 的滴水湖形成临港新城的中心
→ 在建的市中心

gmp 雄伟的设计思路是基于“职能严格分离”。虽然住宅区是为混合群体设计的，可经由开发商的选择，甚至将“白领”和“蓝领”分隔开，这不同于现代主义的规划，如勒·柯布西耶的光明城市（Le Corbusier's Ville Radieuse）。当前的人口大部分是搬迁人口，来自迁址于此的上海海事大学、上海水产大学的工作人员，港口劳动力和安置农民。

目前，轻轨系统还未建成。轻轨系统的目的是要绕湖一周，但在第一阶段时，“只有当半个湖都造满房子，才可创造利润”。目前，数量有限的巴士连接临港新城与上海中心城区。

临港新城有望成为一个独立的城市，因为它有足够的人口和大量的就业岗位。有些上海人已经“发现”了这个湖泊新城，环湖举办了几个自行车比赛，它也成为婚纱摄影的风景线，但在生机与城市化方面则需要更多的时间。企业和居民也由于减税和低租金的吸引而来。冯·格尔康预测：“当然更多的人将会来这里，这是政府推动的计划，人们必须在海港工作。”

自 2002 年以来，gmp 开始着手该项目。最初 3 年，他们参与了总体规划方案，包括材料和建筑高度。gmp 编制了城市规章：放射状结构内的街区详细规划。例如，尽可能考虑使用天然材料，并节省能源、房子不应太高、最大限度利用自然光等等细节都在方案建议之内。冯·格尔康表示：“为了建设这些社区，允许投资者竞标，投资者也有他们自己的想法。市场非常热，房子还未建成就售完了——因此即便低质量也可以卖高价格，另一个问题似乎是朝向。”

冯·格尔康介绍：“所有的建筑物应面向中心。我们不同意中国哲学，每一栋房屋，必须面向太阳，因为不可能在一个阴暗处创建街道或场所。我们反对这种严格的想法。”

最终，gmp 拒绝了住宅区的设计，但仍然参与约 20 幢独立建筑的设计工作，其中有具有代表性意义的建筑，以增强身份和识别性。例如，gmp 接受委托设计新国家中心和一个新博物馆，而且还有沿湖第一线的工作室、办公室，以及几栋公寓楼。在每一个单体项目上，gmp 和不同的中方合作者合作，他们负责工作计划和现场控制。中国公司还做了景观设计（方案由德国 Breimann & Bruun 景观设计公司设计）。据说使用了 250 多万棵树和鲜花。“我认为有点‘绿满为患’。我更喜欢自然景观，并不复杂，这里有点做作。”冯·格尔康总结，但同时他似乎忘记了在这个理性规划的新城里的所有别的虚假品质。

↓ 道路上的建筑工人和工厂工人（摄影 / gmp）
↓ 环湖的旅游业

→ 新中产阶层社区戒备森严的住宅
→ 民工在小区门口贩卖蔬菜

雲帆名苑

青浦新城
（青浦区）

客户 / 开发商
上海青浦区人民政府 / 青浦新城建设发展有限公司
外方设计单位
法国翌德国际设计机构（Eté Lee et Associés Architectes et Urbanistes）
中方合作单位
上海同济大学城市规划设计研究院
设计时间
2002 年
执行情况
2003—2020 年
青浦新城规划区域
26.89 平方公里（53.8 平方公里，包括现有的定居点和新产业）
青浦新城的人口（2001 年）
110 000 市民（不包括未登记流动人口）
青浦新城的人口（2010 年）
250 000 市民（不包括未登记流动人口）
青浦新城规划人口（2020 年）
500 000 市民
青浦新城密度（2020 年）
9 200 人 / 平方公里

2000年

2010年

2020年

0 10km

城市区域
工业区域
规划区
地铁
1 朱家角水乡
2 青浦水乡
3 青浦工业园区
4 佘山旅游胜地
5 淀山湖
6 夏阳湖
7 康桥水乡
8 松江新城

010 年建成
未建
0
200m

或许平衡新旧和东西方要素的最佳方案——正如作家余秋雨所说——通过鼓励既有实力又植根于传统创作的方式去承袭传统，而不是拼凑过去的光荣传统残余。

孙继伟，原上海市嘉定区区长，现任上海市徐汇区区委书记

← 老市场新外观

→ 老运河镇融入新城城市结构

→ 20 世纪 80 年代改造的居住区

项目背景

据考古发现，青浦地区有超过 5800 年的居住历史，并有崧泽文化遗址多处。该地区以朱家角老运河镇、青浦与许多湖泊自然环境而著名。特别是朱家角旅游胜地，人们往往把它与威尼斯相媲美。青浦区由 9 个城镇和几个村组成。区内河流和小溪纵横交错。300 吨的货轮可以轻松地通过，驶往毗邻的江苏省和浙江省。

道路沿线的广告牌昭示青浦新城“国际花园城市”的自我定位。该地区是上海市民周末和节假日首选之地。因此，许多人在此购房为度假之用。由于承诺的地铁仍未建立，开车或坐公共汽车是到那里唯一的办法。

规划和过程

在新规划中，青浦新城由两个新镇和几个村庄合并而成。东面的开发在 2003 年启动；而西面的总体规划根据竞赛获胜者台湾李祖原的设计（8.14 平方公里），早在 2001 年就开土动工了。该设计作为朱家角的扩展规划。邀请了国际建筑师参与规划内的建筑物或街道设计，其中包括波士顿的伍德 + 萨帕塔公司（Wood + Zapata，因上海市中心新天地设计而为众人所知）的本 • 伍德（Ben Wood）。伍德移民到上海，后来成立了伍德工作室。2001 年经澳大利亚开发商(上海康桥房地产开发有限公司)委托设计住宅社区，为了营销的目的，开发商把小区更名为“康桥水乡”。这是该地区最早的房地产开发项目之一。该设计的独到之处是对古老大街小巷和运河水城镇的当代诠释。该设计包含有三种类型：别墅、半独立的两栋别墅（房子间隔约 1 米的空间，市场称之为“双立”别墅）和复式房屋。区域内的别墅新标准设立都根据当地材料而设。根据当地的传统，墙壁统一刷成了白色。白色减少夏季高温，在冬天又可加强阳光辐射。依据最新的节能指引，所有房屋都安装双层玻璃和隔热材料，所有房子朝南。本·伍德坚持创造一个人性化、无障碍、宜人的、以行人为导向的有机城市结构。不幸的是开发商决定要设置围墙和大门，使社区转变成一个真正的美国式的封闭社区，意在为新资产阶级服务。伍德介绍说：“如果密度可低些，设计就会更好些，设计中甚至有停两辆车的地方……”一个更成功的新城发展共享的例子可在青浦老城和新城东部找到。由于急速的城市增长，中国城市似乎千篇一律，缺乏地区特色。2002 年，青浦区的副区长孙继伟提出了一项雄心勃勃的青浦新城建设的新趋势。与其他大多数围绕上海的新城镇，或中国其他地方相比截然不同。他选择的发展计划尊重传统和地方文化，保留自我身份；不是摧毁和伪造，而是用一种创新的现代方法使用工业和传统材料。现代国际影响与当地江南文化相结合，并旨在遵照一个可持续的方式发展新城，尊重“土地的自然形状”。

2002 年法国翌德国际设计机构（Eté Lee et Associés Architectes et Urbanistes）赢得了总体规划的国际招标。这个总体规划把朱家角镇与青浦紧密连接起来。一些村庄纳入新城镇的规划发展。值得赞赏的是，该规划把所有村庄和城镇纳入新的城市框架中，但仍保持自我身份特征。既有道路、运河和水路尽可能地保留或融入新设计中。新政策重在恢复和城市重建，而不是摧毁旧的，也没有伪造历史。青浦新城应是一个新与旧的结合。

几个外国建筑师也受邀完成总体规划中的部分工作。他们都是由国际招标选定的。这些设计师包括法国的雅克·费尔耶（Jacques Ferrier），西班牙的桑丘·玛德丽德霍斯（Sancho Madridejos），台湾的登琨艳（Kunyan Deng）和美国的佐佐木建筑师事务所（Sasaki Associates）。更有趣的是，当地中国建筑师的“填补”，许多有前途的中国建筑设计师被邀请，在不同的地点设计一些项目。

老镇的一些部分进行了改组、改造和恢复，有些接近当地江南风格，而且与现代的解释混合。这种新的建筑组合，抵制了资产阶级向古典直辖市滑稽元素倾向，而这种元素恰恰主导着其他上海周边的发展。

项目结果

今天，在东部新夏阳湖周围，耸立着许多中国年轻有为建筑师的作品。在这里可以找到马达思班(MADA s.p.a.m.)设计的浦阳阁图书馆（屋顶带有波浪式公园的图书馆）；大舍建筑工作室（Atelier Deshaus）设计的夏雨幼儿园及一个办公室；刘家琨设计的青浦新城建设展览中心。在新城中心部分，朱家角老镇和青浦老镇之间有马达思班设计的区政府行政中心，该中心有木制的百叶窗和屋顶。马达思班在青浦老镇设计了桥桯湾购物中心。古代文物的文化价值，如老城隍庙，以既存方式融入这个新设计。

59729599

所有提及的项目不仅尊重当地的江南文化，也接受当代国际影响。它们新老结合，有时还有某些现代西方，以及中国工艺的影响。大量的绿化和溪流，巧妙地与旧体制相结合，使之仍然是一个愉快的周末和节假日的目的地。此外，青浦新城不仅成为年轻有为的中国建筑师的孕育地，如山水秀建筑事务所（Scenic Architecture）的绿色松树花园和大舍建筑工作室，也是新一代前卫建筑师的演习场所。迄今为止，青浦新城在中国建造的洪流中存活，并始终坚持一个鲜明的自我身份。

目前，由马达思班建筑事务所和大舍建筑工作室共同操刀的一个项目正在建设，靠近众所周知的放生桥（建于1571年），这个设计也反映出现代演绎的传统。在孙继伟雄心勃勃的监督下，青浦新城成为一个愉快而生动活泼的新镇，并不失自我身份。新镇建设并非是简单的个体建筑项目的收集。这里的重点已经由数量向质量转化，并考虑节能、方便维护和当地特色。遗产被保护并负有对后代的责任感。青浦新镇建立了尊重中国传统和景观的新标准。嘉定似乎也在向建筑结合的相同模式方向发展，例如向新一代中国建筑师承诺的项目，如博物馆空间等。关键的做法是我们应该树立立场并严肃深思未来新城镇的规划。

建造中国
Building in China

哈利 · 邓 · 哈托格
Harry den Hartog

1 都市时代，上海论坛,2005 年。

中国快速城市化，也需要来自海外的帮助。但为什么绝大多数外国建筑师把中国视为白纸一张？他们给我们粗糙的作品，甚至不敢在自己的国家展现中国有五千年历史文化！她不是白纸！为了能有一个好的设计你需要了解人们是如何在这里生活。你不能只制作自己理想的乌托邦。要为这里的人民而工作，而不是为个人梦想！
——伍江，时任上海城市规划管理局副局长，上海“都市时代”研讨会[1]

他们挑选你的智慧精华！
——阿烁克·巴罗特拉（Ashok Bhalotra）高桥新镇设计公司高柏公司（Kuiper Compagnons）总裁

为了寻求国外的创新投入，中国乐意采用实用的想法，并在需要时辅之以中国自身的见解。继库哈斯、赫尔佐格和德梅隆以及斯蒂芬·霍尔等重量级建筑师之后，越来越多的西方设计师来到这片有“无限建筑可能性”的土地，寻求实现自己梦想的机遇。这一过程导致了一些出人意料的项目，但对大多数建筑师而言，这一梦想却以失望告终，中国人也对一些西方设计师的贡献表示不满。这些负面经历的缘由不仅在于遥远的地理距离或是规划文化的差异，西方设计师通常无法花时间去充分地体验手头项目的语境。加之，中国人设置特有的紧张的期限和无法阻挡的建设速度，他们一般没时间去了解。而且“客座建筑师”在获取准确信息方面所遭遇的困难也是另一个原因。

1

2

3

4

1-4
中国建筑设计师设计的小区效果图

自 2001 年中国加入世界贸易组织后，外国建筑师的洪流便滚滚而入。进入中国的普遍做法是参与国际设计竞赛。经短暂访问后，在宾馆或飞机里完成平面草图，并通过传真和互联网进行联系。尽管这种工作方式有许多明显的缺陷，许多西方设计师抱怨计划的不明晰和对整个过程的控制不足。一些西方建筑师更无法理解最初的提案被曲解的做法，他们难于接受自己的设计按当地的需求、喜好和规章被修改。这种高人一等的新殖民主义的态度反映了他们对中国背景的无知。如果想在中国设计、建造，就应该为生活在当地的人服务。很明显，在中国工作，尊重不同的文化需求、开放和灵活程度都是必需的。由于误解和对“异文化”的无知，许多西方设计师动辄批评中国，有时甚至显示出一种对自己文化的自满。这种情况部分是因为不能对变化的大规模和高速度作出有效处理而造成的，极端条件往往是冲突的根源。

一些外国建筑师尝试自己的运气，借用这个“机遇”来实现自己的梦想或理想。往往采用像霍华德（Howard）的花园城市、勒·柯布西耶（Le Corbusier）的理性城市，甚至阿尔图罗索里亚马塔（Arturo Soriay Mata）的线性城市（1886）的传统模型。大多数设计开始于白纸，只有少数规划综合当地文化遗迹或形态元素，或与既存环境相匹配。荷兰工作室（前 TKA）对高桥历史核心区采取了“针灸”式的规划方案，同时，他们也试图在白纸基础上设计一个理想的旧荷兰小镇埃尔堡（Elburg）。ISA 公司的城桥镇设计和格里高蒂公司（Gregotti）的浦江镇设计，试图通过重译传统的四合院与中国文化相衔接，都是为新资产阶层设想的。大多数外国输入的设计结果与中国标准形成鲜明对比，常常陷入一个尴尬的境地。最大的困惑是设计工作在遥远的工作室进行，缺乏现场调查和对当地需要或情况的审议。一些西方事务所甚至重复使用旧的设计图纸，以节省时间和金钱。

从本书中讨论的上海市政府的例子可以看出，西方的思想是如何被引进到

5

6

7

8

5-8
东滩生态城效果图（奥雅纳工程顾问公司，2005 年）

2 马克·莱纳德（Mark Leonard），《中国思考什么？》，Fourth Estate 出版社，伦敦，2008 年。

3 开心街，约翰·考美林（John Körmeling），世博会，2010 年。

中国，并融入本土的偏好，西方的参与通常只是很薄的一个层面。通常的论调普遍认为，中国越富足，就会和西方更相像，这其实是不正确的。[2]

中国的委托设计与欧洲同行的做法完全不一样。程序不同，对平面图和总体规划的偏好不同。扼要地说，西方设计师在中国有必要采取不同的方式处理事务。只有少数西方设计师[3]知道如何利用中国的独特条件，例如：高技与低技的结合，相对低廉的劳动力成本，以及有机会从完整保存的古老工艺中汲取知识用于精巧细节的设计，这在世界上任何其他地方都是不可想象的。

由于中国过去长期的封闭状态，一开始，中国客户对西方的建筑质素和方法非常不了解。这产生了一些平庸甚至糟糕的建筑，经常发生交付不符合客户期望的作品，以及合同（金额）不被履行的状况。在中国，建筑施工项目常常没有任何时间表，进度安排非常灵活，而且规划过程相当不透明。另一个问题是，中方非常缺乏训练有素、经验丰富的主管人员。

很多本土房屋建筑规则仍然建立在受苏联影响下的老系统的基础上。随着今天建筑业不可思议的快速发展，还存在熟练工、优秀设计师和主管人员严重短缺问题。但中国学得很快，知道如何适应甚至改进。虽然中国在有些方面还是落后，但在许多其他方面却已远远超过西方。崭新而发达的公共交通便是一个令人佩服的例子。此外，往往同有些西方媒体的报道相反，中国对环境问题及其创造性解决方案的意识越来越强了。

远距离的合作通常是在中国半私有开发商与不了解中国背景的外国设计者之间进行的，而这些半私有开发商往往是“白手起家”，毫无与外国设计师合作的经验。非常短的规划期限会产生很多的问题，尤其是当双方对期望值和工作方法都缺乏清楚的了解的时候。现在，许多中国客户已经更了解情况，并且对外国设计师的要求更苛刻。越来越多的中国人在外国学习和工作过，归国后身处要职。西方客座设计师的经验教训很快被吸取，并使昂贵的非中国劳动力和设计师失去了必要。尽管许多西方设计师们也获取了一些“中国经验”，中国对西方似乎仍然比西方对中国具有更深的了解。西方设计师如果想要在中国工作，必须证明自己出众或者能够提供专业服务。由于金融危机，越来越多的欧洲设计师在国外寻求机会，包括在中国。虽然有关设计文化差异的知识是不能仅仅从书中得到的，但很少有西方公司愿意在中国长期地开展工作。目前在上海和北京的外国事务所办事处主要聘请中国人员，经理往往由西方人充任，频繁地往返于中国和总部之间。

设计过程

在中国，设计阶段往往非常短，本书中描述的试点项目平均设计时间在 3 个月。一城九镇发展规划，就是通过与上海有紧密贸易关系国家的驻上海大使馆和领事馆的推荐，来筛选各国建筑事务所并邀请参与设计比赛，这些事务所很多都不具有任何在中国或亚洲的建筑经验。每个项目地点的参与公司有 3 ~ 5 家不等，由（区一级的）地方政府与该国大使馆或领事馆的代表共同合作主管。上海市政府与分布在各个区的不同开发商签订合同，以便与西方事务所开展合作。客户的要求比较高。在所有项目中，客户都非常关注可持续发展。他们提出了一系列条件，如城市设计指导路线、色彩、材料规章、外观构成和建议的房屋类型，甚至要求提交地下水管理交通工程系统计划。新城镇旨在从城市中心引来富裕的居民。

有时，可获取的信息很有限。在某些情况下，各参与公司得自己去找出适

9

9
浦江新镇的城市中心效果图（来源 / 意大利 Gregotti Associati）

用的建筑规范。评委一般由中方专家、地方政府和半私有开发商组成，有时也有国际专业人士。最后的抉择是由地方政府做出的。在随后的详细规划阶段，大多数设计师事务所在他们的欧洲（或北美）总部进行设计规划。有时为了密切与中方合作伙伴联系，几个工作人员（常常包含一个中国实习生）会常驻在上海。

为了在中国开展工作，外国建筑师必须与中方合作伙伴进行合作（通常是一个大的设计院），这个中方合作伙伴是项目的最终负责方。找到志同道合，有共同语言的伙伴是不容易的。在这个体制下，尽管中国的合作伙伴可以作为手边的向导，但"客座建筑师"很容易失去对整个过程的控制。

在整个过程中，并不总是很清楚谁是决策者。很多决定往往在商业晚餐时作出。个人的"关系"是极为重要的，交流往往是间接的，需要相当的机智和圆通才可以从字里行间领会真正意义。而素来喜欢直截了当和短线通信的西方人对此很难习惯。

大多数西方国家习惯整合的跨学科领域的合作传统，这牵涉到许多相关专业，包括建筑师参与从设计到完成的整个过程。在中国，建筑师对建筑施工过程的大部分都没有影响力。建筑师通常只是在工程开始阶段发挥作用，自"文化大革命"以来，建筑师的行业地位下降。客户现在把建筑师当作咨询意见和设计草图的提供者，至于是否采用则由客户决定。建筑师必须倾听，而客户不一定听取建筑师的意见。草图是他们的最终产品，图纸的提交也终结了建筑师对项目的继续影响。如果设计不符合要求，客户会自行修改。恰恰相反，在西方国家，草图是一个建筑师工作的真正开始。

西方设计师们习惯客户倾听他们的建议，这与中国的一般做法完全相反。有很多西方公司不愿就此妥协。例如，对 gmp 来说中国客户要求所有临港住宅朝南，而不是沿环形湖岸展开，这是难以接受的。就此而言，泰晤士小镇和安亭新镇能从地方政府获得建造不符合常规朝向的建筑的批文，可以看作是革命性的发展。

在规划过程中经常变化方案的要求，以及与未来用户缺乏直接联系加强了既有的卡夫卡式荒诞感觉。根据约翰内斯·戴尔（Johannes Dell）介绍，"过程"只是次要的。"结果最要紧，必须得与最初的意向一致。否则，他们丢了'面子'，这在中国文化里是很尴尬的。"设计方案的内容在过程中完全被改变，这在类似荷兰这样的国家中是不可想象的。空间和方案文脉是从一开始就确定的，这甚至影响到设计师如何对建筑的空间组织定型。在中国，文脉并不会出现在完成的规划中，因为即使是直接相邻的地块，方案都有可能以极快的速度发生变化。中国的设计方能比西方设计师们更灵活地应对经常变动的既定条件。一般说来，中国人都是非常灵活的，没有"固定的结论"，一切都有可能。

对于中国人而言，与同事保持合作关系比竞争更重要。相比西方的个人主义文化，他们的文化是集体的"我们"。尽管在上海这样的城市，我们可以观察到这两种价值观的关系正发生变化，但是对中国建筑师来说个人成就的驱动力仍然是有限的。他们更有可能创作一个改良的翻版而不是原创作品。

西方建筑师在中国的贡献往往止于表面[4]，他们就像调料被用入产品，使产品营销更为成功。特别是客户特别喜欢图标。但这也与习惯做法没有太大的不同。在中国，人们习惯于印象式的思考，功能细节随后跟上。设计方案是次要并灵活可变的。根据卢昕[5]的分析：如果图像给人的第一印象良好并提供好的联想，随后的一切就都没问题了。OMA 设计的中央电视台大楼在中国国内引

4 最终采用的类型和方案由中方合作伙伴和开发商决定。浦江新镇是一个例外。但在大多数地区，西方设计师的作用依然仅限于建筑的表层。

5 卢昕，《中国，中国——西方建筑师和城市规划者在中国》，Hatje Cantz 出版社，斯图加特，2008。

10

11

12

13

10-13
gmp 建筑事务所设计的一些临港新城项目的效果图。外国"客座建筑师"往往被开发商作为"旗号"使用，使房产可在市场上更好的标价出售，不论最终的设计到底如何

聚贤煌都
上置·美兰湖高尔夫别墅
II期升级版 全新亮相
5610 6666
前方200米
45万平米滨湖钜
我的生活我领袖
龙沁新苑
57523211
生活风情·自在掌握
57523211

售楼的广告牌

皇冠上的 那颗明珠
67701111 67701188
泱湖

67196611

尚都里
59246000
59247999

招商热线 021- 5752 4287
美食·娱乐一条街
一期美食娱乐一条街招商进行中
二期休闲购物街区招商即将开始
城镇中心 财富三角地

Private Club,
Luxury Gift For The Host Of
私家会所，您的专享尊贵礼遇

LIFE 乐享生活
COMMUNITY 幸福街区
知名品牌商家

苏宁环球
威尼斯水城
水岸名墅珍藏版 现房实景发售
户户赠送 花园/地下室/车库……
58402020
现场售楼中心

15

16

14

17

14
效果图上的拥挤人群和游艇码头设计（gmp 建筑事务所）

15
临港新城政府大楼（gmp 建筑事务所）

16
临港新城的“无限科帕卡瓦纳”（gmp 建筑事务所）

17
临港新城工业园区（gmp 建筑事务所）

18

19

20

22

21

18-22
松江新城内一个主题小区的效果图
（中国建筑师设计）

起广泛争论。由于偏离了原来的设计，招致意想不到的联想。

中国设计师的工作方式似乎非常感性，在设计过程中完全依赖他们的本能。西方设计师的工作方法通常相反，遵循“形式追随功能”[6]，认为万事必须理性化，因此他们通常始于抽象的分析和模型原理图，这在中国并不能很好地被理解。在中国，现实的图像比动画效果图更受欢迎，客户认为通过这种方式对设计进行快速评估比一个深度分析和模型对比更容易，尤其是在时间紧张的时候象征意义也是重要的。比如，城桥城市规划看似银杏叶，临港新城的市中心像水滴。青浦地区的规划乍看就像一只蝴蝶的形状。人们追求和谐的空间和视图。迷信也充当一个重要的角色：建筑物经常配制一个“帽子”用来“避邪”。中国社会具有不同的审美观，“文化大革命”以来，美和丑的想法已经改变得非常不清楚。特别对于都市新贵，昂贵或异国情调就是美的，这种美学在奇形怪状的古典主义特征的模型和拱形中得到体现。

项目实施

在大多数地方，以上提到的所有项目中的住宅区，地方政府在城建规划设计过程中有最大的决定权。目前，实施很大程度上仍由地方政府协调，并由（自由）市场运作。为了给白纸计划作准备，在规划设计开始前就征地和房屋拆迁，由上海城市开发动迁有限公司负责。在这种情况下，开发商或当地政府给拆迁户提供其他住宅和（或）经济补偿。通常可以从两到三个位置中选择，有时（但不总是这样）能靠近现址。赔偿金的计算公式通常是单笔补助金，取决于地点、家庭构成和职业，有时高达 4 000 ~ 8 000 元 / 平方米，有时可能更高。这笔金额受谈判技巧和（或）社会地位影响。在短短几个月内，征地和移民安置结束，开发商在接手后有极大的自由空间。与地方政府有关系的半私有开发商被授权筹备建设用地并保证基建、绿化和设施的配套任务。在中国，习惯用成熟的树木和植物来做绿化，使新城市更具活力并吸引投资者和居民。由基础设施和自然边界包围的地块，一个小区接一个小区地由私有开发商自由地填充。项目建成后，物业及所有主要基础设施的使用权归还政府。小区内的居民通过业主协会负责物业和维修，有时分包给第三方，有时由开发商出资。

本书讨论的项目在执行过程中，有些设计事务所放弃了对相关项目[7]的监管，部分原因是对他们的各种限制和一些实际考虑，更主要的是因为无利可图。一城九镇发展规划中，不同地点的设计师之间并没有太多交流，他们中只有少数参观了其他项目。自从提交设计方案或中方合作伙伴开始实施之后，有的甚至再没有拜访过自己负责设计的地点。距离可能是个因素，但有时似乎是缺乏真正的参与度和责任感。一些设计事务所在中国积累国际经验似乎仅仅是一种业务手段，用以在本国客户面前打造国际形象。他们的网站上通常可以找到令人印象深刻的效果图，完成后的结果却很少在网上展示。

项目结果

项目结果由于控制和建筑规范不同而相异。规划过程和最终的成果也取决于客户的类型。[8] 当市政府直接参与控制开发（比如浦江镇），整个过程一般会更稳定。如果是开发商，过程就会由于不同的外部因素的影响而缺少稳定性。绝大多数客座设计师建议中国客户通过跨学科的做法，开放性和直接的公私合作来优化整个过程。让未来的业主参与到规划过程似乎也是合适的。

当然，从西方设计师的观点出发，最方便的事是用西方方式操作中国项目，

23

28

29

23
帆船和游艇在中国是非常罕见的（城桥新镇由德国 ISA 国际设计集团设计，2002）

28
“银杏叶”状的城桥新镇

29
“水滴”状的临港新城

6 路易斯·沙利文（1896），被称为现代主义建筑师。

7 如城桥、高桥和枫泾的项目。

8 不同类型的客户活跃在中国，他们包括政府企业、当地私有企业、外国投资商和合作企业（由半私有开发商和来自中国香港、中国台湾、日本、新加坡和韩国等的投资商合作）。

24

26

27

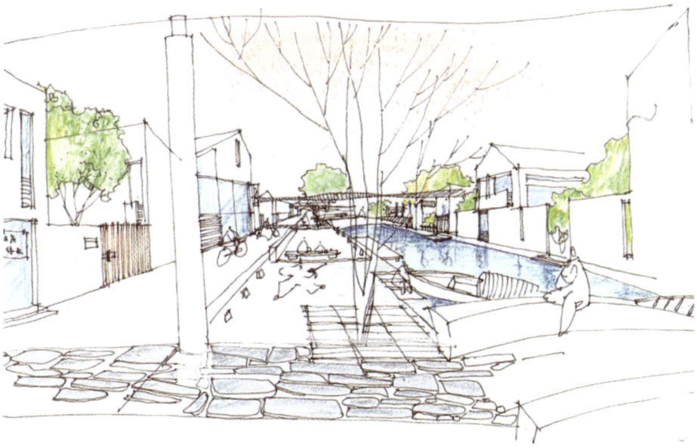

25

24
岩石交错的湖滨公园及沿岸的别墅（城桥新镇由德国 ISA 国际设计集团设计，2002 年）

25
传统中国元素被重新诠释，如人行道、走廊和桥梁（德国 ISA 国际设计集团）

26
邮轮码头的 CBD 和进口的椰子树（德国 ISA 国际设计集团）

27
经过重新诠释的传统中国运河小镇（德国 ISA 国际设计集团）

售楼— 售楼中心

OCT华侨城·上海

9 规划主要是让地方政府创造国际形象以吸引外国公司。

10 中国是"我们"的集体文化。甚至别墅也建得非常相似。个性化的建筑表达往往很少被用于住宅。

许多设计比赛的参赛作品都证明了这一点。为了适应当地政府不断增长的为引资而标新立异的需求，西方客座设计师往往建议用宏伟的标志性建筑和宏大的城市风格。不止一个西方建筑师建议在一些（往往很奇怪）地方建造游艇码头、高尔夫球场和豪华港口，尽管中国绝大多数人没有这个需求。新晋的中产阶层宁可购置另一处房产，而不会购买游艇。有着悠久文化历史的地方所选出的规划业主们更钟情于中世纪欧洲环境。可是，在本已拥有几十个有着数百年历史运转良好的运河小镇的区域里建造一个荷兰式的运河系统又有何意义呢？

居民对空调安装或晾晒衣服方面的需求常常被忽略。在某些情况下，机智的居民牺牲他们的阳台来安置空调或晒衣服。因为气候不适宜，或许因为没有传统，人们不常坐在阳台上。由于贫富差距逐步扩大，人们安全感很低，导致立面有大玻璃窗的房产不太受欢迎，销售业绩不佳。底层的窗户，甚至是几层楼高的窗外通常配有金属栏杆。许多餐馆，尤其是在豪华区域的餐馆甚至采用没有窗户的装修。在公众场合露富越少越好，30 年来的惯性还是很难被遗忘。

西方设计事务所的大多数模块式提案必须根据小区的理想结构（包括边界分明的社区）而调整。浦江新镇是一个例外，那里网格式的分隔完美地符合其使用需求。也许是因为富裕的潜在客户，规划未能给日常活动提供空间，比如贩卖新鲜水果蔬菜的街头小贩、理发店或者修鞋店。与中国新城镇形成鲜明反差的是，勒脚只能有限地用在工艺品店和其他商店中。

在"一城九镇发展规划"的新镇中，主题鲜明的城镇的出入性和可达性都非常有限，居民通常是上层中产阶层，开发商往往雇用警卫把守。安亭新镇、罗店新镇、高桥新镇和泰晤士小镇的部分区域甚至是封闭的。这些主题区域本来是按照欧洲古老传统中可达的"开放城市"而设计的。但它们被部分地转换成戒备森严的飞地，保安们守着空空如也的房产防止失窃。地产投机的结果就是许多地方都出现了与空置相关的问题。目前看来只有罗店新镇是一个例外。

为了吸引和留住居民，并吸引新的投资者，一些新镇踊跃举办主题活动。比如，罗店新镇非常活跃地组织各种活动，主题从当地的中国传统文化到斯堪的纳维亚的文化。[9] 罗店新镇在早期阶段已建成许多文化设施，而泰晤士小镇和安亭新镇即便是在今天都几乎没有文化空间和活动，在这两个城镇，投机和空置现象也更为突出。

大多数西方设计事务所视可持续性为西方特征，很多人批评中国缺乏可持续性，而事实上西方模式却是最不可持续的。中国房屋朝南的传统，最高允许 30º 的偏离。这个古老的传统基于风水原则，亦包含朝南可以充分利用日光的温暖和使用太阳能热水器的更实际考虑（大多数家庭都没有中央供暖，空调使用又不便宜。因此，人们更喜欢在室内穿上外套）。此外，朝向太阳对于晾干衣物也有重要的意义，因为烘干机一般被当作奢侈品。让所有的住房都朝南，从根本上说是，其实也是可持续建筑的一种形式。从空中鸟瞰可能单调，但在地面上印象还是不错的——截断城市肌理的墙壁和大门可能问题更大。越来越多特别是在农村地区和郊区的住房开始利用太阳能。而密集建造的中国城市和大容量的公共交通，为减少中国的"生态足迹"作出了更大的贡献。不过中国飞速的城市化进程导致巨大的原材料消耗，从而抵消了积极面。

当然，如果能建造欧洲标准和规范的建筑是再好不过了。但条件和需求稍有不同 [10]。结果是欧式的设计不一定总是适合中国的生活方式。只有一小部分的中产阶级享有机会从一城九镇的主题新城小区中获益。供需之间的缺口，部分是由于缺乏经验的半私有开发商对市场的分析不足。另外的原因看来是通过

30

30
重新诠释的传统中国运河镇（水彩素描 /Ben Wood，2001）

31

32

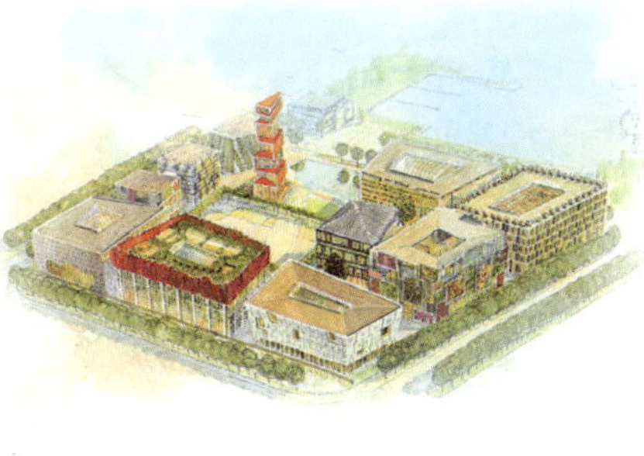

33

31
罗店新镇的瑞典式街道草图（来源 / 瑞典 Sweco）

32
荷兰新镇的新古典式镇中心草图（来源 / 荷兰高柏公司）

33
荷兰新镇滨江公园的草图（来源 / 荷兰高柏公司）

34
泰晤士小镇江景（来源 / 英国 Atkins Group）

35,36
泰晤士小镇一个迷人场景的绘制（来源 / 英国 Atkins Group）

37
泰晤士小镇（城市和建筑设计由阿特金斯设计工作室负责，2001 年）

34

35

37

36

38

39

40

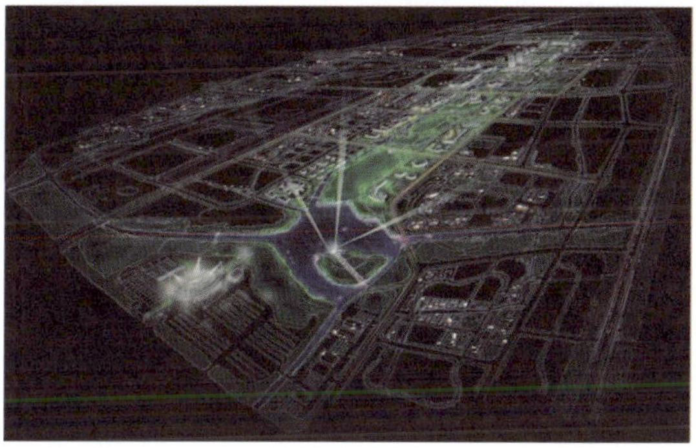

41

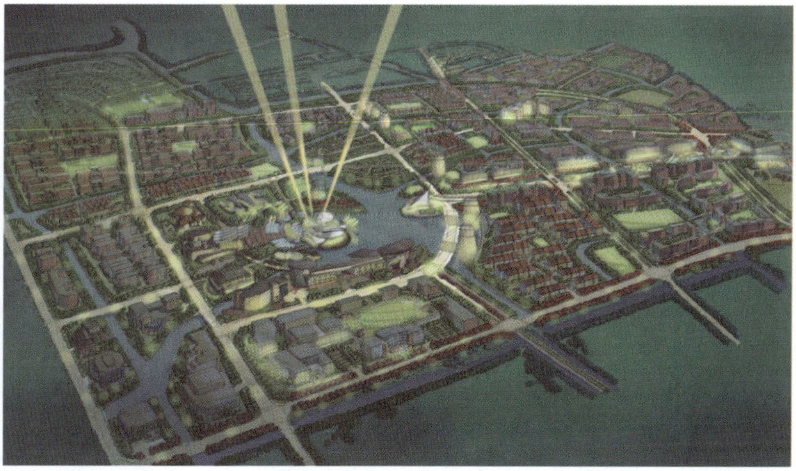

42

38
浦江新镇（格雷高蒂国际建筑设计公司）

39
城桥新镇（德国 ISA 国际设计集团）

40
临港新城（gmp 建筑事务所）

41
松江新城（阿特金斯集团）

42
枫泾新镇（六度建筑设计公司）

相互适应的日常生活

配电房

11 "Shanghai" 作为动词，指以欺骗手段从事某事，特别是指用诱骗、恐吓和暴力手段招募船员（来源：webstersonline 字典）。

12 泰晤士小镇的对英国小镇的模仿，成就了一个成功的旅游胜地。作为"品牌"，它们必然给松江新城加入一种身份。

房地产快速赢利的驱动。过去，强有力的国家政府从科学家处积累了大量知识。如今却少有市场调查。沃尔特·波尔修斯（高柏公司项目经理）介绍："在高桥，我们和前任政府规划师合作，缺乏清楚而深入地商业感知。"现今，新开发商首先关注的是地产价值，几乎很少顾及生活环境的质量。

"一城九镇发展规划"的核心是注入西方血液并创立自我身份。但通过与居民谈话了解到：实际形式并没有多少关系。在某些情况下，与汽车一样，"西式"观念的居住暗示地位和身份。

上海市民经常会遭到"出卖灵魂给外国人"的指责。[11] 上海市中心仍然具有外国殖民地的空间影响。同时上海也有各种东西方影响而产生的令人愉悦的汇聚——这是传统文化和未来主义，东方和西方，财富和贫穷的大都会式融合。而一城九镇的发展规划把这些影响引至郊区。这在中国引发了众多的批评，甚至一些房地产中介都批评这个项目缺乏可持续性。一城九镇规划作为市场营销被认为是一个成功[12]，但在功能意义上该实验实际上是失败的。

国际建筑和主题化区域被作为营销工具在全世界套用。正如里弄式的庭院建筑就是中西方建筑的结合，本书中的项目旨在代表中西方城市风格的交汇。不同的项目都试图给中国南北朝向的城市网格体系增加一些变化。与安亭新镇和泰晤士小镇的"有机"结构相比，浦江新镇的网格结构灵活得多。新类型的公共空间被引入，种类从城市广场到公共园林都有。有些总体规划基于一种思想或展望，其他的就纯粹是市场驱动的。上海周围已经出现一些令人喜忧参半的设计方案，特别是有空间和社会隔离的地方。实验室里的试验有成功的，也有的灾难式地结束。对于一些西方设计师来说，这是一个沉痛的教训。安亭新镇和荷兰村项目令该项目的外国设计师相当失望。时间会告诉我们，这些伤口是否在城市结构中会被治愈。西方模式并不总是最合适的例子。中国有着悠久的历史和丰富的传统，有很多经验可以汲取。青浦新城有部分建筑，比如由马达思班（MADA s.p.a.m.）设计的城市中心和中国一些顶级建筑师（包括大舍[Deshaus] 建筑工作室和刘家琨等）设计的新城市公园，都显示了中国传统和现代性的细腻结合，为功能和空间方面都带来更多的好处。世界各地规划的新城镇随着时间推移而不断变化，有些甚至随着条件改变而被废弃。新规划的城市应该具有灵活性，以应付外界的影响和适应用户不断变化的需求。在中国，规划在实施前都同样适用。新城区为了推销自己并成为宜居之所，调整显然是不可避免的。世界各地的例子表明，新城市需要时间来"成长"。除了时间，"一城九镇发展规划"的新城需要进一步干预，以使这些区域更具活力。

43

44

43,44
嘉定区上海国际汽车城办公室和商业区效果图（AS&P 公司），图上的绿化区域实际上都已被城市化

异质之城

上海和洛杉矶的主题化空间

Heterotopias

Themed spaces in Shanghai and Los Angeles

李翔宁
Li Xiangning

上海城市发展的历史只有短暂的 700 多年，由于地理位置十分优越、海上航运十分发达，商贸活动非常活跃，上海终于从一个滨海渔村发展为重要的沿海商埠。1843 年，上海被迫开埠并建立了租界。开埠后的 150 年间，上海的经济日益繁荣，并逐渐成长为远东首屈一指的、多功能的商贸金融中心。不仅经济繁荣，上海的城市文化也呈现多元特征，富有活力。上海称得上是一座移民城市，长期以来，不间断的移民构成了上海人口中的大多数，并且有相当多的流动人口，上海的人口具有异质性的特征。租界的设立，使得上海的人口构成更加复杂和多元，城市中的移民不仅来自中国，而且也来自其他国家。即便在今天，流动人口仍然大约占到了上海 1 900 万人口中的 1/3。这一独特的历史，使得上海这座东方大都市表现出明显的西方文化色彩。自 19 世纪以来，上海就被看做是“东西方文化交融的”城市和“西方了解中国的”大门。甚至在今天，在上海设计具有西方建筑风格的建筑似乎比在中国其他地方更具有合理性。

2001 年，上海市政府宣布实施“一城九镇”的规划。按照这一规划，上海将在松江及郊区修建九个新的核心城镇，每一个核心城镇都拥有一个主题，并从西方传统文化中汲取设计灵感。西方建筑师被邀请来到上海作实地考察并完成总的规划设计。自 2001 年至今，安亭新镇（德国式）、松江新城（英国式）、浦江新镇（意大利式）的大部分已经建成。

德国著名的阿尔伯特·施皮尔（Albert Speer）事务所（AS&P）通过在国际竞标中胜出而赢得安亭新镇（德国式小城）的规划设计，这座德国风格的小镇将安置 2 万居民。他们获胜的规划方案将欧洲中世纪的小镇规划和现代的住宅模式结合在一起。许多德国建筑师都参与安亭新镇中单体建筑的设计工作，其中既包括初出茅庐的年轻建筑师，也包括像冯·格康（Meinhard Von Gerkan）这样已经功成名就的建筑师。在他们的设计中，有简化版的哥特风格教堂、百货公司及各种不同的办公室和住宅。建筑立面的鲜亮色彩、住宅单元的布局风格，处处体现了德国新城的特色，就像克里尔设计的柏林波兹坦城（Potsdam）旁的科尔希斯特费尔德城（Kirchsteigfeld）一样。在浦江新镇，意大利建筑师奥古斯托·卡纳第（Augusto Cagnardi）则试图将威尼斯的水道系统、联排住宅模式和中国传统的合院住宅模式三种元素融合在一起。

罗店新镇，由瑞典建筑设计公司 Sweco 完成，设计中那些斯堪的纳维亚风格的坡屋顶住宅，表达了多种保守的、折中的设计理念。英国老牌的阿特金斯事务所在松江新城设计了很多都铎风格的半木构结构的住宅，该新城被称为“泰晤士小镇”。这两座新城的主题公园式的环境和氛围，使得它们成为年轻伴侣完成婚纱摄影的热门地点。在风和日丽的午后，可以看到许多年轻伴侣在新镇中心广场的教堂门口排队耐心等候拍摄照片。而“泰晤士小镇”也因其充满时髦情调的酒吧和餐厅，而成为周末度假的去处。

“一城九镇”规划，自其宣布以来就备受诟病。大多数的批评集中在其设计中套用舶来的西方文化主题。然而，“一城九镇”的社会影响和文化影响——不论积极的或是消极的，都亟待仔细考察。

1

2

1,2
安亭新镇处处体现了德国新城的特色，就像克里尔设计的柏林波兹坦城旁的科尔希斯特费尔德城一样

现象

作为人口飞速增长的大都市，上海不得不向郊区扩张，修建新的卫星城。政府认为，通过不同功能（如：居住别墅区、大学城、经济技术开发区、生态公园等）结合一些带有西方文化的风格，可以使新建的卫星城更具魅力，吸引人们移去定居。但是，与美国不同，即便郊区空气新鲜、房价相对便宜，大多

3
松江新城泰晤士小镇规划模型（摄影 / 李翔宁）

4
松江新城泰晤士小镇的住宅（摄影 / 李翔宁）

5
松江新城泰晤士小镇的婚纱照（摄影 / 李翔宁）

6 松江新城泰晤士小镇政府大楼（摄影 / 李翔宁）

3

6

5

4

数中国居民仍然愿意选择在城市中心居住。像在上海这样的中国城市，人们已经习惯于一种“拥挤的文化”。为了能够享受市区中心的各种便利，人们宁愿作出相应的牺牲，比如居住在相对拥挤的空间和狭小居住单元中。在浦东（上海黄浦江东部地区，在当时也是郊区）开发建设之初，就流行这样的说法：浦西（上海黄浦江以西地区，是城市中心所在的区域）居民宁要浦西一张床，不要浦东一间房。这意味着上海发展新城建设面临着一个严峻的挑战：如何吸引市民接受郊区新的生活方式，并对新的社区、生活方式产生社会和心理上的认同感。因此，借鉴西方文化作为一种商标，似乎有助于帮助创造具有较高文化价值的社区意象和帮助人们形成认同感。

欲望

上海曾经历了一段半殖民地的历史，其经济和政治地位的迅速提高似乎产生了一种幻象：中国成了世界的中心。与当初外来的“征服者”修建租界不同，今天的所谓国际社区的设计师都是由中国业主雇佣的、来提供服务的。这种欲望和幻想，只有放在上海独特的后殖民语境及中国和西方之间的张力间，才有可能解读清楚。如果历史上的外滩被称为“万国建筑博览会”，那么 20 世纪的上海将会产生一种围绕中国文化的多元文化模式。在这种情况下，消极被动的接受就会转变为一种更为主动的选择和邀请。因此毋宁说，对于上海市政府而言，一种潜在的需求是试图重写历史、并在中国—西方的二元关系中发挥主导性作用，而不是单纯地创建一个世界性的都市。

变异

外国规划师和建筑师接受的设计要求是运用他们国家的生活方式和建筑风格来设计新城。然而，对西方文化的想象连同上海地方具体的文化、政治、使用和实施的现实条件，就像滤镜一样改变甚至是富有创造性地歪曲了从西方借鉴来的这些虚构的模式。这将有可能导致西方的建筑意象在中国发生适应性改变、移植乃至曲解和变形。但是，除了对西方建筑样式和表皮的肤浅而拙劣的模仿之外，也有一些建筑案例融合了上海地方建筑的原型，调整了照搬的摹本，从而可以适应功能要求，并适应上海地方的社会和文化背景。尽管，这样的案例中，结果看起来很奇怪，却反映了市场经济的逻辑。同时，尽管建筑师有精英的意识，大众在理解建筑时对于其意义的寻求总会在建筑中通过某种方式表达出来。因此，一种对西方建筑形式的有意识或无意识的歪曲使用，反而成功地创造了一种奇观和嘉年华、一种对符号和意义的消费。

危机

更值得担忧的是社会文化和社会价值的缺失、社会不平等和社会隔离现象的加剧、土地和其他资源的无情消耗、全球化带来的负面的影响，以及在建成环境、特别是带有西方文化主题的建成环境中产生的“体验式经济”。尽管建立主题式小城镇的初衷是帮助建立新居住区的社区认同感以及创造一种多元杂交的文化，但是目前从建成的案例来看，这样的理想并未实现。在上海的房产价格不断高涨的背景下，在新城区置业的人们大多是投机性持有的目的，希望能够获得经济利益。出于各自不同的原因，很多人并没有搬入新城，新城的住宅中只有不超过 20% 的住房有长期居民，其余多为空置状态。以安亭新镇为例，原定由政府修建的地铁线路并没有延伸和覆盖到住宅区域，只有新城内部的一

7

8

9

10

7
新城市主义在松江新城泰晤士小镇（摄影 / 李翔宁）

8
新城市主义在松江新城泰晤士小镇（摄影 / 李翔宁）

9
上海罗店新城——北欧斯堪的纳维亚式风情街（摄影 / 李翔宁）

10
上海"德国式"在安亭新城（摄影 / 李翔宁）

创造的空间

些商店和公共服务设施在提供服务。因此，没有很多居民愿意在那里居住生活，而有限的居民人口，反过来又限制了满足日常生活的服务业进驻当地。

新城镇的开发导致了一种现象，这些新镇被从原有的环境文脉中切割出来的，好像是城市中的文化飞地，它们似乎成了诠释全球化产生负面影响的案例。目前看来，这些新镇并未成为解决城市人口爆炸问题的良药，它们除了占用更多的土地之外，并没有产生更多效益，与此相反，它们所产生的问题甚至比北美大都市的无序扩张更加糟糕。

那么，是否有可能的改变方式呢？

受到洛杉矶 MAK 中心城市未来计划（Urban Future Initiative）的资助，我在那从事了两个月的研究。我在洛杉矶漫无边际的、多中心的郊区中，在不同的主题空间中穿梭行走。20 世纪 90 年代以来，主题公园和主题化的空间越来越受到城市研究的关注。和“主题化”（Theming）的概念相关联的，还有被广泛使用的“主题公园化”（Theme-parkism），以及来自主题化最典型的例子麦当劳餐厅和迪士尼世界的两个对应的概念——“麦当劳化”（McDonaldisation）和“迪士尼化”（Disneyfication）。主题化的空间或称主题化的建成环境，在时间上涵盖了从古代城市到现代城市空间的整个建成环境的历史，空间上更是随着全球经济的进程而演变为一种在世界各地都能找到范例的普遍现象。今天主题化空间的类型也跨越了从私人的家庭居室一角的收藏品展示空间或者一间小型的主题餐厅，到城市主题购物街区乃至整座城市的不同空间尺度。

众所周知，主题化空间最典型的代表莫过于迪士尼和麦当劳这样的主题公园或主题餐厅。然而，如果我们把视野向更广阔的空间扩展，我们会看到形形色色的城市空间，渗透着主题化的特征。商业空间最具代表性的当属洛杉矶的“Americana”商业综合体。在着力渲染的美国价值观和带有典型美国式梦想的画面的背后，呈现的是资本运作的冰冷现实：美国式的价值观借以推销的是名牌的商品和豪华的服务公寓。讽刺的是，如果近距离地观察这里的“美国式”图景，你可以感受到强烈的新英格兰气息，那种来自英伦的贵族气息和当下美国西海岸的都市风景格格不入，就连圣诞节飘洒的人造雪花也传递着这样的信息：如果你对美国文化有更深入的了解，那么以某个地区的美国文化作为招牌所塑造的美国图景同样造就了一片文化的飞地。

如果我们将上海的“一城九镇”归结为文化自信力的缺乏所导致的对优势文化的借用，那么这种文化心态同样体现在洛杉矶老的盖蒂博物馆——“盖蒂别墅（Getty Villa）”中，这里出于对欧洲文化的推崇和对美国文化的不自信使得盖蒂家族在修建这座博物馆时，原样复制了一座古罗马别墅建筑，或许来自古罗马的柱廊和立面证明了博物馆藏品的价值：只有来自西方文化之源——古典时期的才是真正不朽的艺术，也只有照搬罗马的建筑样式才能为血统不纯净的后世继承者标明一丝身份的高贵。也正是出于同样的心态，洛杉矶同样建造了德国小镇“Alpine Village”。而在离圣芭芭拉不远的丘陵地带，我们也能够找到丹麦风格的小镇“Solvang”。

11

与德国小镇“Alpine Village”和丹麦风格小镇“Solvang”不同，事实上，建筑外在的形式与内在的内容未必具有真实的一一对应关系，建筑的形式“主题”，也未必反映其内在功能。一个典型的例子是洛杉矶的三代“Chinatown”。最早的一代唐人街（今天的美籍华人博物馆所在地）其建筑形式丝毫没有中国

11
洛杉矶美籍华人博物馆

12

14

13

15

12
洛杉矶的新中国城（摄影 / 李翔宁）

13
洛杉矶圣盖博山谷的中国城（摄影 / 李翔宁）

14
洛杉矶的盖蒂别墅（摄影 / 李翔宁）

15
洛杉矶的威尼斯海滩（摄影 / 李翔宁）

元素，如果不是街道上悬挂的红灯笼，你丝毫不会认为这里的建筑和唐人街有任何关联；而第二代的唐人街则努力地运用中国元素，中国式的屋顶和鲜艳的色彩让你觉得回到了几十年前的中国，呈现一种陌生的熟悉；第三代唐人街（San Gabriel Valley）的建筑则是采用了加州最最常见的西班牙殖民复兴样式，如果不是招牌上闪耀的中国文字，你也很难将这里和唐人街联系起来。后现代主义的思想家中，对消费文化及其带来的后现代的生活体验进行精辟分析的当首推鲍德里亚。他认为消费文化与电视产生了过量的影像与符号，从而产生了一个仿真的世界。在这个仿真世界中，实在与意象之间的差异被消解，变成了极为表层的审美幻觉。鲍德里亚在他的名著《拟像与仿真》（*Simulacra and Simulation*）一书中提出，后现代社会中，符号并不必然反映真实，这种“拟像”本身就是一种真实，甚至是“超真实”（Hyperreality）。在这几种唐人街中比较，你无法判断哪一种更真实，或许每一个都是一种不同的真实。

再来看看洛杉矶的“威尼斯海滩（Venice Beach）”。看过库哈斯《癫狂的纽约》的人，一定会对他花费全书四分之一篇幅详细描述的纽约“柯尼岛”（Coney Island）记忆犹新：以主题公园的方式提供给我们的一座狂欢和享乐的不夜城。同样，南加州的威尼斯在20世纪初建造伊始，也是一座与柯尼岛同样疯狂的主题公园，也同样在几次大火中容颜凋谢，然而与柯尼岛就此衰落的命运不同的是，经历了一个世纪的威尼斯，在大火的废墟上建造了一个充满生机的社区。今天，依稀犹存的模仿意大利威尼斯的水道结构为两岸的住宅提供了良好的景观和人车分离的交通系统，同时，威尼斯也是南加州最开放和最具接纳性的社区之一，今天的实验建筑师们，都在威尼斯尽情地进行着建筑的实验。在那里创造的建筑风向，被整个美国甚至世界所关注。

回过头来反思我们的“一城九镇”，或许我们已经听到了过多缺乏建设性的批评，最主要的批评意见认为中国应该从自身的传统中寻找形式，而不是拙劣地模仿西方建筑样式。艺术评论家戴夫·希奇（Dave Hickey）在他的著作中比较了拉斯维加斯和圣达菲，他说他宁愿要拉斯维加斯“真实的虚假”，也不要的圣达菲“虚假的真实”。我非常赞同：在传统社会的文化和意识形态已经不复存在的今天，人们会认为应该在中国运用传统建筑的母题建造像唐人街一样的建筑，这或许看起来更像真实的中国。可是我要说这也是一种“虚假的真实”，而一城九镇的西方样式或许是一种“真实的虚假”，它丝毫不掩饰自己的模仿，至少以一种坦诚的态度呈现在我们面前。如果换一种角度思考问题，这种文化的飞地如同植入城市肌体中的细菌，它们可能损害城市的健康，但同时也可能激发肌体以一种自发的机制来消灭它们，甚至吸收、容纳和转化它们成为生命体的有机组成部分，正如我们在加州的威尼斯所见到的那样。或许我们更应该关注城市这种自我调节和演进的机能，而探讨一种多文化融合的城市未来的可能性。如果威尼斯的转化花了加州一百年的时间，或许上海在十年以后可以将一城九镇转化为完全不同的事物，一种提供给我们多元文化间异质共存的范例。

新城镇模式

香港和上海规划的同一性与差异性

New Town Models

Planning Sameness and Difference in Hong Kong and Shanghai

廖维武
Laurence Liauw Wie Wu

1 约瑟夫·里克沃特（Rykwert,Joseph）《城之理念——有关罗马意大利及古代世界的城市形态人类学》，麻省理工出版社，1988 年。

2 埃比尼泽·霍华德（Ebenezer Howard）《明日的田园城市》，麻省理工出版社，1965 年。

3 艾里克·芒福德（Eric Mumford）《国际现代建筑协会有关城市主义的论述，1928—1960》，麻省理工出版社，2000 年。

4 勒·柯布西耶（Le Corbusier）《走向新建筑》，纽约：多佛，1987 年。

5 彼得·卡尔索普（Peter Calthorpe）和威廉·富尔顿（William Fulton），《区域城市：终结蔓延的规划》，岛屿出版社，2001 年。

新城镇模型的理想

新城镇实际与不同的城市理念有关。“城镇之理念”（Idea of a Town）是由约瑟夫·里克沃特（Joseph Rykwert）[1] 提出的。他认为，为了让后代能够识别出特定时期的城市肌理，那些为适应特定社会生活需求而产生的城市肌理应该被保留下来。除了军事防御、贸易路线、公共健康和经济等理性考量以外，古代城市还基于某种宇宙观。相比之下，当今中国的城市和新城镇建设，或完善或扰乱了古代城市建设的规律。上海和香港的新城镇建设分别可以追溯到西方曾有过的城市实践——埃比尼泽·霍华德（Ebenezer Howard）的花园城市（Garden City）[2] 和国际现代建筑协会（CIAM）的功能城市（Functional City）[3]，它们对战前美国的郊区化和战后英国的新城镇建设都有着不小影响。上海和香港都是国际贸易港口城市，两座城市的城市化过程体现了中国近期城市发展的不少特点，其移民潮为两座城市的经济发展和人力资源增长都做出了很大贡献。其中，上海和香港的人口分别从520万和220万增长到1 800万和700万。然而，两座城市吸引移民的原因有所不同。上海靠的是更多的就业机会和文化特色；而香港靠的是稳定的政治环境和更好的生活水平，香港的移民大部分是来自大陆及海外的华人难民。然而，两座城市都采取了白纸策略，把农业用地转化为城市用地，以适应不断扩张的人口规模。从无到有的新城镇建设，历史性地验证了基于城之理念的新城模式。两个城市都自愿引进西方城市模式和建筑形式，由此产生的新城镇拥有了脱离于中国城市历史特征的新身份。然而，这身份将传递给后代怎样的信息？

香港的城市化模式和上海

上海和香港新城镇的同一性与差异性根植于城市化的规划过程中。虽然一国两制下有着殖民地传统的香港和上海都拥有西方外来文化与本土中华文化相融合的类似背景，但香港过去 50 年的发展模式与上海过去 30 年重夺国际领先都市的发展模式有着很大差别。对于两个城市来说，外来的模式和样式已被当作常态，逐渐将它们与中国其他城市在文化身份上区分开来。这种外来的差异进入中国单一的城市化模式中（标准街区的重复），使之成为新城镇建设中两种独特的城市类型。香港采取了英国的新城镇 NewTown 模式（跟随勒·柯布西耶[4] 的脚步和上个世纪 30 年代以来 CIAM 的意向），上海则采取了美国新都市学主义（New Urbanism）[5] 的郊区化模式。20 世纪 80 年代，中国南方珠江三角洲的早期发展受香港影响，形成了工厂和大规模住宅相结合的发展模式（1979 年对外开放政策出台后，香港成为中国最早和最大的投资方）。对香港新城镇演变的研究若能与上海新城镇进行比较，则更有利于发现两座城市在去后中心化规划上所采取的不同模式，以及相应规划机制将如何指引更好的城市未来。

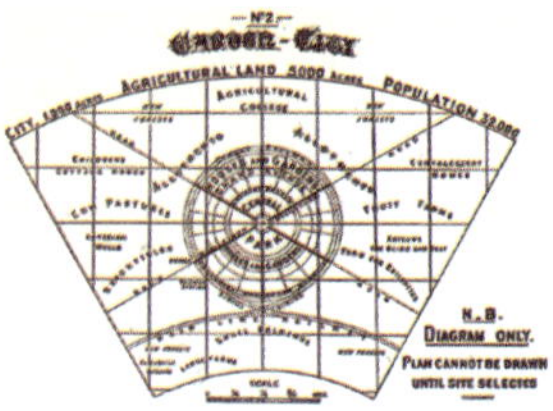

1

2

1
埃比尼泽·霍华德的花园城市图解（1898 年）

2
勒·柯布西耶的光辉城市（1935 年）

英国殖民主义和柯布西耶给香港新城镇带来的影响 1950—1970

1973 年，香港新城镇发展计划由英国殖民总督麦理浩（MacLehose）制定，包括分三阶段建设的 9 个新城镇。如今，香港有近一半的人口居住在新城镇的政府或私人楼盘里。从 1961 年至 1971 年，香港人口由 310 万膨胀到 410 万。五六十年代涌入香港的华人移民和不断扩展的工业经济给房屋供给带来了很大的压力。在 1953—1973 年间，政府通过提供公共房屋和配套社会服务，使工业劳工的基本生活得到了有效保障。同时也设立了房屋委员会协助新城镇发展计划。新城镇为 150 万人提供公共住房有两个目的。首先，铲除危险的贫民区

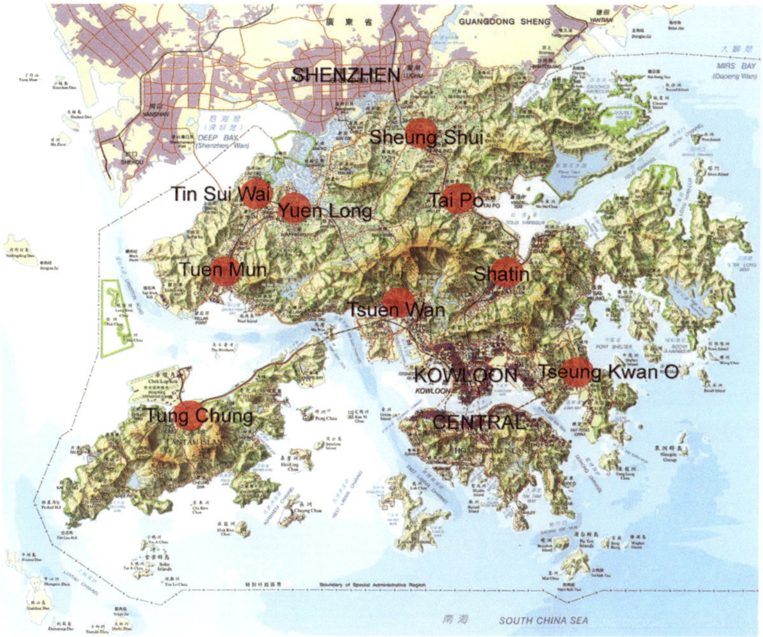

3

4

5

6

7

8

3
香港的新镇（地图 / 廖维武）

4
老荃湾（1972）

5
老荃湾（1972）

6
老荃湾（1973）

7
老荃湾（1977）

8
老荃湾（1978）

和棚户住房并重新开发其占用的土地资源；其次，为六七十年代香港工业“黄金时代”下的工人阶级提供综合性住房。第一代新城镇的规划和建筑设计是本着纯粹实用主义的原则完成的。规划策略是对标准建筑类型进行分区规划从而达到最大可建设密度，因此建筑类型而非建筑风格占了主导地位。在其后的 30 年间，现代主义住宅发生了几代演变，从板楼到塔楼，从每层 24 户到每层 8 户。标准类型的通用化规划设计制造出新城镇一成不变的城市特点，高密度的塔楼群被群山环绕，没有考虑到建筑对场所和环境的尊重。汲取了伦敦 19 世纪贫民窟的教训，新城镇建设既是殖民政府的公众使命，也为来自中国内地的新移民提供了就业机会。同时期的上海并没有正式的发展计划来解决人口增长的问题。20 年以后上海的新城镇发展政策其出发点和方式方法与香港有所不同。在上海，政府通过和香港早期类似的有效控制（通过不同的理念），使建筑风格而不是建筑类型主导着市郊的建筑风景。

20 世纪 70 年代的香港第一代新城镇

荃湾及沙田地区都各占大约 3 500 公顷，是具有对比性的新城镇发展模式。荃湾包括为 865 万人口规划的住宅、工业和船运行业三个区域。当荃湾新城于 1974 年兴建时，它已经拥有近十万工业劳动力的五个主要产业：纺织业、服装业、电子业、塑料和金属工业。同时，以房产形式发展的公共住房占 75%，配套公共设施包括文娱中心、学校、运动场、社会福利、集市、警察局、消防局和地区医院。随着时间的推移，香港的工业生产逐渐移师内地，至 20 世纪 80 年代，当地的工业用地从 21% 减少到 14%；而如今，由于工业厂家已向大陆转移，工业用地量变得越来越少。20 世纪 70 年代的荃湾地区和香港岛通过高速公路及轮渡相连，而大规模的公共运输业于 1982 年才启用。随着香港的集装箱运输业在葵涌地区的不断发展，荃湾原有的工厂已全部倒闭，如今被全球贸易和物流业所替代。

另一方面，位于九龙以北的填海土地所形成的沙田，被规划为郊外住宅区，适宜在市区中央商务区工作的人群居住。区域规划中设定了 73.5 万中等收入的人口在这里生活，并配备火车站和公共汽车等设施。因其密集、连续且线性的社区沿河流两岸的分布，沙田的规划设计比荃湾更佳。它作为一个典型范式，几乎完全遵照英国的新城镇规划设计，尤其是现代 CIAM 的原则。在这里，为混合型收入的人群所居住的矩形住宅群和十字形塔楼环绕着大型露天广场和文娱中心——一个位于主要交通运输枢纽之上、设有升起的商店平台。这一区域的一大特点便是行人天桥的设置使得人车完全分流。同时，在沙田新城镇内规划有自给自足的社区和福利设施，使其可以独立的综合发展；附近的香港中文大学、职业学院、香港科技园和一个跑马场也是作为此类规划的支点而存在。沙田新城镇的规划之所以如此成功且一直广受居民欢迎，是因为它的设计融合了保存完好的自然资源（山丘与海港），并创造出丰富的娱乐休闲空间和适宜家庭使用的健康居住环境。

20 世纪 80 年代的香港第二代新城镇

建于 20 世纪 80 年代的第二代香港新城镇，由村庄演变为拥有约 30 万人口的郊区“市集城镇”。按照这一模式，大埔、元朗及粉岭——上水主要依靠不断扩大的公共铁路运输业和基础设施——住宅区一体化发展起来。由于这些地区离市中心有着相对较远的距离，其人口密度也相对较低，更好的社区生活

9

10

9
荃湾市中心（2010）

10
荃湾郊区（2010）

11

13

14

12

16

15

11—13
沙田的街道（摄影 / 廖维武）

14
沙田新镇史努比开心世界（摄影 / 廖维武）

15
沙田新镇柯布西耶式街道（摄影 / 廖维武）

16
沙田新镇柯布西耶式街道（摄影 / 廖维武）

质量成为市民迁移至该区的动力，基础设施的综合系统化和社区自给自足的有效性成为这些地区重要的规划标准。然而，这一代的新城镇发展实际上却更倾向于采用普遍性的区域规划和标准化街区的建筑设计。在这些新城镇的规划特点方面，大型商场与车站的连接比住宅本身更重要。它们邻近深圳边界，这为跨境寻求休闲和工作机会的人带来了方便。20 世纪 80 年代以来，随着香港的不断繁荣发展，房地产价格急剧上涨，新城镇的居民开始在自己原本所在的城市环境周围，向邻近城市深圳寻求更好的生活。但是，新城镇的广普性设计和它们“雷同建筑群”的风格促使居民和规划者重新评估这个由基础设施建设所驱动的高度密集性发展模式——过于单一，甚至在私人与公共房屋之间没有类型差别。

20 世纪 90 年代的第三代香港新城镇

第三代新城镇（天水围、将军澳和东涌，人口从 22 万至 45 万不等）反映了 20 世纪 90 年代以来，香港社会不断变化的发展状况。80 年代后期至 90 年代，持续上升的房价压力和城市密度使城市去中心化和在郊区建造由铁路网连接的新城镇成为必然。于是，高效现代化大规模的公共运输系统被准许使用其上空权，并且为了鼓励铁路与住宅和商业楼宇相结合的综合发展，政府采用了一种“运输导向发展”的政策。这种运输导向发展模式（T.O.D）代表了当代新城市的发展主流，但天水围新城镇的情况除外。由于过高的家庭暴力率、自杀率和失业率，那里被称为“悲情城市”——整个新城镇依靠偏远的轻轨交通系统连接，并拥有大量刚融入香港生活的新移民。这个新城镇建筑在填海湿地之上，明显存在社区设施不足、居民工作机会少等非有效规划的问题。与其相对的是，东涌新城围绕赤鱲角机场快线（Chek Lap Kok）设计，不仅为机场工作人员服务，也为那些希望靠山临海居住的人们提供居所。将军澳是个高密度的新城镇，遍布了具有普遍特性的居住塔楼和一些商业发展区，因接近中央市区且拥有新的公共交通网而非常受欢迎。自 2007 年以来，另外 3 个新城（古洞北、粉岭北、坪輋 / 打鼓岭）被规划在新界北部更加靠近中国内地边界的区域，再次展现了香港和内地越来越融合统一的社会发展趋势。然而，这种低人口的新城镇并没有优化的功能组合，对于香港“以运输为导向”且“高密度混合功能配置”的发展规划而言，其下一代是否能够可持续发展仍然有待观察。很显然，为了适应当今社会在物价负担能力、交通运输、环境和生活质量方面不断变更的发展目标，我们需要做进一步的调查研究。

香港新城镇的功能实用性与上海新城镇的生活形态

较之香港的 9 个新城镇，上海的 9 个主题性新城镇各自相异，并为其将来的居民提供完全不同的环境和生活方式。在规划方面，香港新城镇采用资本主义性质的福利导向型发展模式，它具有现代主义普遍适用的功能实用性，这与改革之后上海的市场导向型发展模式形成了鲜明对比。虽然两者皆由地方政府统一规划设计，但选用的却是截然不同的前景目标和发展模式。在香港，现代主义运动产生的通用型建筑模型在以社会主义理想为基础之上被普遍使用；而在上海，新城镇规划则采用自由放任的发展模式和具有“文化”差异的主题公园类建筑。同时，两者所服务的群体在收入方面也相当不同——香港一直提倡建造为混合型收入人群使用的住房，而上海的新城镇几乎完全为高收入群体所设计。香港已在郊区重建以轻轨相连的高密度城镇，而上海正努力建设用高速

17

17
上水镇的城市性（摄影 /Els Zheng）

20

18

19

22

21

18,19
人埔老中心的城市生活

20
大埔的农村边缘

21,22
高密度的建造可保护有限的自然资源和优化物流

6 刘易斯·芒福德（Lewis Mumford）《城市文化》，Harcourt Brace Jovanovich 出版公司，纽约，1938。

7 廖维武主编.《世界建筑 香港：好坏丑陋 1997—2007，清华大学出版社，2007。

8 联合国人居署，规划可持续发展城市：2009 人居全球报告，Earthscan 出版公司，2009。

公路连接的豪华郊区住宅群。当人们为了寻求更好的生活方式，从过度拥挤的市区迁移到郊区时，这些新城镇社区为其提供了不同的环境选择。作为不断扩大的大都会的一部分，新城镇里人们的工作、住宿和休闲究竟存在着怎样的关联？城市功能离散或综合型发展的模式能否更加适合一个新城镇的经济增长？这些都是于 20 世纪 30 年代 CIAM 上首次提出的基本问题，而后又被 20 世纪 60 年代美国城市设计师和新城市规划专家所挑战。新城镇到底能否为市民提供一种“更好的生活”？怎样的“更好的城市”能够实现这一愿望？可以说，上海和香港的政治动机和城市发展工具大相径庭。就传统的城市化而言，混合型密度和多样性对城市是有益的，而高密度广普性的环境在社会和经济发展方面是不利的。然而，香港却作为上述理论的反例存在——无分别的城市类型占据低于 30% 的总土地覆盖面积，拥有可持续且紧凑的城市模型。由此可见，单调的现代主义规划工程和单一类型的建筑设计在香港是可行的[6]。而另一方面，上海的某些具有异国情调的主题新城镇，由于入住居民少而被视为无人城区。请问这是否意味着在中国繁荣兴旺的城市里，“更好的生活”仅仅意味着每个人“一样的生活’？也许广普性和相似性实际上比起文化上的多样性“更加适合”新城镇规划的现状？香港和上海新城镇，反常规地以各自意识形态下的规划模式和迥然不同的建筑设计向世人提出这一广受争议的问题。

23

24

25

23
元朗（摄影 / 廖维武）

24
元朗有效的公共交通

25
米尔顿·凯恩斯（1967）

新城镇的建筑同一性与差异性

城市的同一性与差异性对于规划师、建筑师、政府和公民来说仍然是意识形态和文化层面的议题。在 1998 年中国住房私有化改革之后，上海周边的新城镇迅速展现出建筑风格大放异彩的景象。这是新城镇规划或者抢占房地产市场份额的一种大胆尝试。然而，上海的老一代符合社会主义“工作单位”理想的“单位”式住房，在这些后现代主题式的表现形式下被抽空了。这些新城镇引进西方的规划和建筑风格并将其本土化，试图在当地建立起一种“国际化的生活方式”（International Lifestyle）。虽然这次引进的地点不在租界，却讽刺性地重现了上海 20 世纪初租界时期的建筑面貌。毫不意外的是，目前在上海 9 个新城镇中，青浦朱家角当代中国特色的中国水城最受当地居民欢迎。而其他贴上诸如“欧洲”或“美国”风格标签的新城镇，虽已售罄，入住率却很低。这种自上而下提供文化差异性的规划模型制造了一批旅游建筑，让人猜测此举是否出于政治动机。它见证了上海具有“中国特色的市场经济”的规划模型，其成败与否将在今后几年得到见证。20 世纪 60 年代英国米尔顿凯恩斯（Milton Keynes）颇富争议的新城镇开发也是在建成很多年后才被接受的。上海新城镇以市场为主导的规划模型，旨在分散白领居民和技术产业的位置。这种模式是否恰当，还需要综合不同收入人群和功能组合进行重新评估[7]。上海的新城镇规划为新城镇居民提供了不同文化类型和极具差异性的主题公园。然而，源于广普化、通用化的规划模型，香港的新城镇居民几乎无法选择他们所要居住其中的建筑和生活环境。因此，就这两个城市的规划和建筑模型，人们不禁要问：求同存异，或异中求同，价值究竟何在？也许，只有时间才能做出最终的回答。

新城镇模式的可持续性

新城镇模式必须在环境[8]、经济和产权价值等社会层面对可持续发展的重要性做出回答。但是上海崇明岛的低碳生态城市模型就足以挑战香港整个“可持续运输导向发展”模式。到 2020 年，19 条新的地铁路线将在上海及其周边

27

26

28

26
由于过高的家庭暴力率、自杀率和失业率，天水围被称为"悲情城市"

27
天水围（2005）

28
天水围（2007）

建设完工，通往新城镇的公共交通将会得到很大改善。从经济学角度看香港新城镇发展[9]，虽然九个中的八个证明了广普模式的可持续性是成功的，但产业转型仍然是一个挑战。不同收入水平、人口结构和城市功能的组合，是香港与上海新城镇的另一重要区别，这在经济和社会公正性方面影响着新城镇的可持续性。和香港新城镇相比，随着人口的持续增长和国际轻工业在上海周边的扩张，上海新城镇的位置将更有利于发挥它作为工业基地的地位。然而，随着上海中心旧区的不断改造，大量低收入人群被迫迁往城市外围，其结果是“流动人口”几乎得不到任何社会服务保障。因此新城镇收入分配和城市资源的公平管理就成了很大问题。香港的新城镇都是高层、高密度发展模式，而上海则是高、中、低层混合的新城镇模式。香港的紧凑型城市模型只占用 30% 土地总面积，这使香港成为全球可持续发展城市的典范之一（保持城市整体性低碳足迹）；而上海的城市规划扩张模式却会产生更大的碳足迹。尽管绿色环保政策近年来已被采用，这两个城市仍需要把单一功能、单一类型和单一风格的居住新城镇发展为混合功能、多收入和高密度的综合项目，使其具有更长远的持续性。对于两个城市由工业到服务性经济的产业转型过程，环境可持续性的考量需要从城市的整体利益出发，而不是只顾及部分或者一个生态城。

9 雷姆·库哈斯，《小、中、大、超大》中提及的“普通城市”，010 出版社，鹿特丹，1995

10 参考网站：http://en.expo2010.cn/a/20081119/000001.htm

更好的生活？

自从城之理念由村镇变为城市以后，新城镇规划的未来意向一直是建筑师，规划师和政府所争论的话题。现代主义作为主导的规划典范在 20 世纪一直盛行至 70 年代。70 年代中国市场改革，从社会主义乌托邦转变为经济乌托邦，进而演变为别的模式。在全球和当代中国，可持续的乌托邦已成为城市规划的新宠儿（道德上没有人会为此争论），但建筑构想呢？香港和上海迥异的新城镇景象，代表了现代和后现代思维中关于城市建设同一性和差异性的基本分别。虽然拥有相似的殖民地背景和越来越相似的金融中心的未来，香港和上海却提供了不同的新城镇模式以服务于不同的居民和政府意向：在香港是紧凑型的广普新城镇，在上海是蔓延的主题式新城镇。香港已经拥有一个正在运作的区域性新城镇体系，而上海正在建设自己版本的“更好的城市，更好的生活”（Better City，Better Life）。显然，香港新城镇的规划和城市化以其广普通用的类型和单一的发展模式主导着建筑设计；而上海新城镇的建筑却跳出了总体规划的框框。然而，两个城市无论是集体幻觉还是集体近视，似乎都未能给某一都市模式带来变化。相同或不同的新城镇身份将决定居民和工人是否如两城政府所希望的那样，搬出老城市中心，缓解中心区压力。在两个城市快速城市化及人口迅速老龄化的压力下，一个可能的城市发展策略是分别融入更大的长江三角洲和珠江三角洲区域内。到 2025 年，上海和香港（与深圳）都将由人口超过 3 000 万的大型城市融入人口超过 1 亿的大型都市圈，各地的交通联系控制在一小时之内。这样可以允许各个城市密度增加和扩张，从而在它们之间形成城市网络。两个城市和地区在扩大基础设施和生态建设方面的竞争已经开始了。但是对于香港的广普化新城镇和上海的标签式新城镇，怎样在同一性和差异性的规划中通过建筑设计的方式达到“更好的生活”，仍然是一个有待解决的问题。有人可能会提出回归自足的城镇理念，像古罗马或古代中国城市一样。那时的城市理念符合自给自足的功能，代表城市的居住文化。最终还应提出的问题是：如果“更好的城市”引领“更好的生活”[10]，那么“更好的建筑”（Better Architecture）应该在未来上海和香港新城镇开发中扮演怎样的角色？

29

30

31

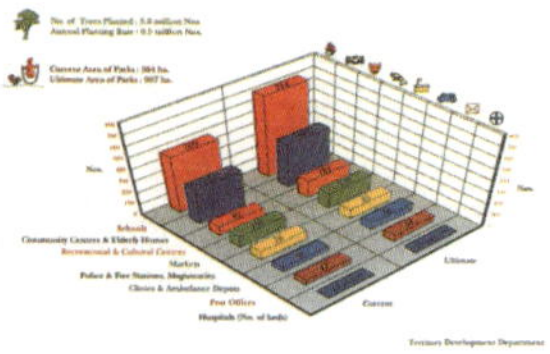
32

29,30 将军澳和如画般的山为背景

31 东涌新市镇朝向东涌湾和赤角机场（2010 年）

32 香港新界小区设施规划（来源／香港规划部）

摄影专辑
Photo Essay

城市幻想
Urban Fictions

理查德 · 罗兰
Richard Rowland

073
ORIENTAL
GARDEN

沪C K6153
POLO

临港新城的建筑工人

枫泾新镇的街道（六度建筑设计公司）

高桥荷兰村（高柏公司 & 荷兰工作室）

安亭新镇的别墅（AS&P 公司）

浦江新镇北部小区（格雷高蒂国际建筑设计公司）

泰晤士小镇的别墅（阿特金斯集团）

青浦新城的别墅（法国翌德国际设计机构）

罗店新镇的街道（瑞典 Sweco 建筑设计公司）

上海松江新城城市开发和管理模式

Urban Develop ment and Management in Songjiang New City

周静
Zhou Jing

1 伍江，主题发言，第四届国际城市论坛国际会议“新城市问题，后自由主义后的城市”，荷兰阿姆斯特丹，2009年11月26日。

2 松江新城建设发展有限公司——参考网站：www.newcity.net.cn。

3 俞进，上海市松江新城总体规划综述，《上海建设科技》，2001年第四期。

上海城市规划管理局前副主任伍江教授指出，建设新城的首要步骤是打造坚实的城市经济基础[1]。充裕而有吸引力的工作机会不仅有利于导入新居民，也能加强政府对城市建设的投资实力。松江新城的规划建设充分地反映了这个战略。事实上，在新城项目启动之前，老松江城已有许多具有相当竞争力的加工产业基地。这个基地在东南郊，以出口制造为主。世界五百强（财富杂志排名）中有40多家企业在这里开设工厂。新城西侧还有一个新近批复的高科技经济开发区。但是，松江新城最知名的新特色莫属大学城。七所大学从上海市区内迁移过来，在新城内设立新校区形成聚集态势。人们期待不久的将来，这些知识中心的研发能力将有效转化为新的经济发展的推动力。另外，利用老城丰富的历史文化资源和西北郊的自然景观资源，松江计划大力推动旅游业的发展。

如何开发新城

为防止土地开发陷入混乱的市场驱动状态，松江市政府指定成立国有城市开发公司——松江新城建设发展有限公司（以下简称新城公司）[2]。该公司以企业方式运营并负责项目开发，负责协调组织和城市开发有关的不同政府部门的合作、招商引资，并依据城市空间规划监督管理城市开发进程。新城公司掌控着土地的一级开发权。为了吸引更多的房地产开发商和私人投资商，新城的主要策略是优先搞好城市环境和基础设施建设。

松江新城具有宽敞的空间布局。城市主干道的宽度为35 ~ 50米，道路两旁各有10 ~ 20米的宽阔绿化带。相关城市的道路和基础设施总是先于房地产项目启动前完成[3]。这样，负责土地一级开发（2000—2003）的政府公共部门可以从土地升值中获益，而不是由私人开发商独揽。城市绿地和水环境的开发也遵循同样的方式。“上海的花园城市”是松江新城宣传推广的标语之一。整个城市的规划绿化率是23.9%，北部新城部分为46%。一个300米宽的十字形中央绿化带是北部新城的主要景观和功能轴线。新建了27公顷多的水面，与已有的水系相连形成网络。新城良好的环境质量形成了非常有吸引力的城市框架。然而这种开发模式需要大量的前期公共资金投入。松江新城是如何有创造性地解决这个经济难题的呢？

公共领域的建设主要依赖政府投资是中国城市建设的传统模式。但是，在应对一个新城这样规模宏大的建设项目时，这种模式显然力不从心。具体来说，松江新城2010年前的规划面积是36平方公里，其中22.4平方公里为高速A9以北的新城示范区。据估计，这样的开发规模，仅市政基础设施、环境美化、公建配套建设就需要几百亿元的投入。但新城公司的启动资金只有10亿元，主要来源是当地市政府和几家国有投资公司。

于是，一种开放式的多元化融资模式被采用：各种类型的投资者，不论是国内还是国外、国有或私营、企业规模大或小，只要他们的个人目标与城市总体规划相符，都欢迎参与新城项目的合作。这种项目开发模式的指导思路，是采用政府主导并配合市场运作的商业化机制。为了增强灵活性和提高效率，重要的项目会单独组建独立的项目公司，比如松江大学城建设发展有限公司、松江轨道交通有限公司、方松建设投资有限公司、方松街道等开发实体和社区管理机构。街道是传统中国城市中最基层的半政

府性质的管理单位，主要的责任包括户籍管理、政策宣传、街道治安监管、组织集体活动等。

松江新城的融资机制可以进一步以轨道交通9号线为例。松江轨道交通有

1

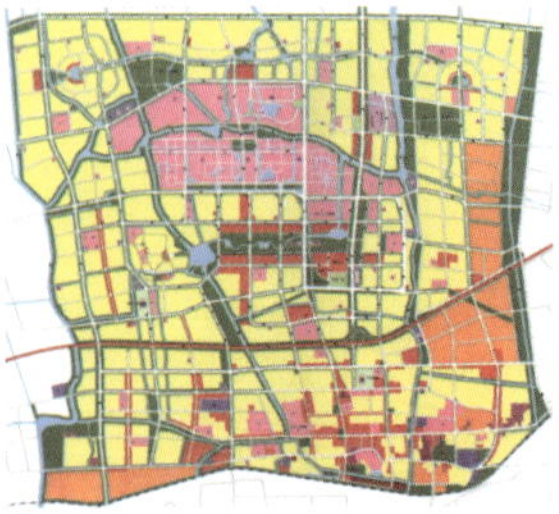

2

1
9个居住区的分界（图片 / 松江规划局）

2
松江土地使用状况（图片 / 松江规划局）

3

4

5

3
泰晤士小镇和中央绿化轴规划模型——陈列于松江城市规划展览馆大厅（摄影 / 周静）

4
航拍松江老镇（摄影 /Harry den Hartog）

5
松江新城的下午（摄影 /Harry den Hartog）

4 "松江现象"《地产评论》—参考网站：www.gotoread.com/mag/122/7/sarticle_22864.html。

限公司没有依赖政府投资，而是向国家开发银行申请借贷 10 亿元人民币。银行以常规商业项目对待，向松江地方政府提出了提供财政担保的要求，并要求人大做出决议。松江区人大为此专门做出决议，如果公司不能按期偿付本息，同意作为财政预算在年度中予以安排。[4] 委托开发是另一种融资模式：将项目交给有实力的企业做综合或前期开发，例如火车站，基础设施项目，政府在有足够资金的情况下可选择购回所属权。与公共设施相比，房地产项目更容易找到合作伙伴。目前已有十余家有实力的民营开发商，参与到松江新城的居住区开发中。政府从房地产项目中获得的收益，可以顺理成章地循环利用到那些非盈利的公共项目中去。引用上海松江新城建设发展有限公司总经理于宁先生的总结，很多半公有的项目公司已经进入了资金的良性循环："负债开发—税收增加，投资回收—偿还贷款—财政积累增加—扩大投资"。

概括上述，新城建设第一阶段（2000—2003）的目标是基础设施、道路、城市环境的建设以及城市经济领域的发展。主要的示范项目包括中央绿化带、中央行政区和大学城。第二阶段（2003—2005）的关注点是房地产发展。建设松江新城的主要目的之一，是承载上海中心城人口转移，所以规划中居住用地面积基本占到了整个城市用地面积的 41%（2 488.6 公顷）。高档低密度联排式住宅和英式城镇建筑风格的小别墅区，主要集中在新城的西部。

高层公寓主要布置在环绕中央绿化带、靠近大学城和轻轨沿线这三个特色区域。凭借主要道路和水系，城市总体规划将整个居住用地整齐的划分为九大居住区（平均 5 万 ~ 8 万人）。每个大区进一步划分为若干居住小区（平均 1.5 万 ~ 2.5 万人）。小区又可细分为若干居住组团（也就是传统的居委会规模，平均 1 500 人）。公共服务设施和公共空间也是按等级规划布局的：每个居住区配有一个公共活动中心和一个城市公园，每个小区配有一个社区活动中心和一个相对小规模的绿地公园，每个居住组团也设有充足的绿地和开放空间。截至目前，大部分的规划居住用地已完成建设，西侧城区和轻轨沿线地区还有一些新项目正在施工中。一些规划中的大型商场已经落成营业，尽管白天顾客较为稀少。

直至 2020 年的远景规划中，一些大型设施中心将在新城区内崛起，例如 34 公顷用地的金融中心、21 公顷用地的文化中心（包含现代大剧院、艺术展览馆和图书馆），还有 16 公顷用地的体育中心。目前，新城居民的社会文化生活很大程度上需要依赖松江老城内的现有设施。

综上所述，我们看到在短短不到 10 年的时间内，一个城市环境质量很高的郊区新城业已成形。它拥有完整的路网；绿色且整洁的城市环境；有设计风格的特色住宅区；全面运转的大学城；以及傲然耸立在新城区中心的行政大楼等。城市的建设依据总体规划有序地实施，融资模式也是探索创新的。松江新城所成就的城市总体形象，可以说是一个城市建设的奇迹。

然而，该新城存在的最显著的问题是缺乏城市活力。白天在街道上只能看到少量的车辆和寥寥无几的行人，在商城和超市里也是人烟稀少。轻轨站外有一些出租车等候，但在新城的其他地方很难看到它们，包括著名的泰晤士小镇附近。尽管外观形象很城市化，但新城的生活气息却尚未活跃起来。相反，一旦进入高速 A9 以南的松江老城，立刻可以感到人气的不同：这里的街道热闹熙攘，尽管可能显得有些拥挤混乱，但气氛是舒适温馨的。那么新城部分到底在哪里出现了问题?

空间规划和设计

6

7

8

9

6
航拍中心绿化轴（摄影 / 周静）

7
中心绿化区和设施（摄影 /Harry den Hartog）

8
松江新城的主要街道（摄影 / Harry den Hartog）

9
欧式花园（摄影 /Harry den Hartog）

5 杨盖尔，《交往与空间》，Van Nostrand Reinhold 出版社，1987。

经验教训主要有两个方面：空间规划设计和城市管理。

首先，新城的城市设计没有符合人体舒适的尺度。相反，它被设计成了小汽车城市，城市大部分地区不适宜步行和使用自行车。视平线高度的视野经常被本已宽阔的道路两旁丰茂的保护性植被所阻挡。带有大型城市公园和公共广场的中央绿化带的尺度类似城市森林。因此，从松江新城轻轨站出来以后很难找清方向。新的大学校区设计得如同景观公园，它们普遍拥有大面积的水域和相当低的建筑密度。新城区域距离感和可达性的问题，由于缺乏公共交通，而进一步加剧。

第二，区划，这个陈旧的规划概念，在新城总体规划中还是十分明显。各个主题分区非但没有在功能上和空间上互相结合，反而更加分隔。设计的主要问题在于将尺度很大的政府行政中心建筑群和校园聚集群布置在新城的中央区位。就战略而言，这个位置本应成为整个新城的城市活动中心，但现在却成了一颗空洞的心。早在几十年前，知名的丹麦城市设计师杨·盖尔（Jan Gehl）就指出，丹麦的一些城市已经对某些特殊的建筑类型，比如银行、办公大楼，在街道立面上设置设计限制和要求，因为经验证明它们对城市活力存在负面影响[5]。

大量的在校大学生无疑是一股活跃的社会力量，可以给新城带来崭新的面貌。但是，积极的效果仅体现在位于校园之间的一条聚集各种生活服务餐饮娱乐设施的商业街上。校园的设计组织方式仍然是传统的封闭“军营”式，而且它们的位置被边缘化，与松江老城相距甚远。也许规划者的考虑是尽量净化教学环境，远离不良的社会影响。但是这样做也使学生与真正的城市和真实的社会隔离。因此大学校园对城市生活的促进作用也被很大程度地削减。更因为地处偏远，寒暑假期间，很多学生宿舍发生偷窃事件，整个校园空空如也。相反，在欧洲和美国，许多学校校园与城市社会有效融合的例子也屡屡可见。

最后，也是重要的一点，城市活力的缺乏也和居住区设计结构有关。一些研究复杂系统理论的学者（例如 Alexander，Batty，Portugali）已经指出，城市组织自然地按照彼此相连的方式增长。因此，新城的必要依赖性是不容忽略的。新建居住区的居民生活需要借助附近已有的公共服务设施，直到它们自身的商业服务类设施有足够的实力正常营业。然而，松江新城距上海中心城有 40 多公里远，距离给互相的交流带来了困难。老城和新城之间的交流也较大程度上受高速 A9 的阻隔。而且新城的几大居住区被中央绿化带和大学城这两个大尺度低密度区域分隔。由于互相缺乏便利的连接和交流，以及本身又没有足够的人口密度，这些被分散的住区很难形成有规模的人气。

城市管理：政府策划与市场驱动

如前所述，松江新城的开发模式是政府主导和市场驱动两者的结合，也就是所谓的公私协作。自上世纪 90 年代以来，在中国城市化进程中所呈现出的高度市场化商业化的大背景下，松江新城的开发方式很好地例证了城市总体规划是可以被遵循的，城市发展的过程是可以被政府管理监控的，公共部门和市场私人投资商是可以有效协作的。这对中国的城市化发展有着很重要的意义。但本质上，松江模式更大程度上是政府主导、策划、实施、管理的方式。

这种开发模式的主要问题首先在于被严重压缩的建设时间限制。五年内完成 22.4 公顷的示范区建设，就像用高压锅制作的速成品。当地政府在 2003 年集中出让了大量的土地（参考注解 4）。政府方和私人投资方，都看好新城概念推广的成功和受欢迎程度。这批建成的商品房几乎在同一时期内投放到市场

12

11

13

10

10
新城中心后街（摄影 /Harry den Hartog）

11
带有学生设施的购物街（摄影 / 周静）

12
外国语大学校内自行车（摄影 / Harry den Hartog）

13
主要的购物中心（摄影 /Harry den Hartog）

6 "城市规划对房地产市场的影响：以松江新城为例"，2006 年 11 月，参考网站：www.shgtj.gov.cn/kjjy/qkxb_gt/200812/t20081223_165000.html。

7 周静、曲蕾，边缘组团与新城：比较性研究北京市两种边缘区城市发展类型，《Footprint》，第 5 版，代尔夫特理工大学建筑系学刊，2009 年 11 月。

中，结果证明，市场消化能力不足，造成了供求关系失衡，过量的商品住宅滞销。

城市总体规划体现了规划者对未来发展的预测和展望，它的编制和其有效性，受到多方面的局限和未来不确定性的影响。由政府发起推动的城市规划很容易出现片面性和滞后性。一旦编制完成，总体规划缺乏外部合作伙伴对它的监督、评估和反馈。不同领域的项目合作伙伴没有获得有效、主动的参与和辅助决策的机会，或者在实施的过程中，及时给予意见回馈的可能性。尽管目前在中国，总体规划每隔五到十年要求重新修订，但以现在的建设速度，在这个时间跨度中，很多工程都已经可以完成。一个存在问题的决策很可能已经导致了无法改变的局面。

具体来讲，松江新城有较高比例的楼盘滞销、空置现象。这要归咎于城市规划和开发者忽略了房地产开发与新城社会经济发展结构的紧密关系[6]。开发标准被制定得过高，规划的市场定位没有呼应实际的市场需要。据统计，2004 年只有 8.8% 的新居民是以购房的原因入住松江新城的。城市主要人口来源是打工求职者（79.7%）和求学者（11.26%）。而在这些购房人群中，很大一部分人是用来投资牟利的；还有一类人群是购买郊区二套休闲住房；而那些真正购房自住的人群往往在上海中心城上班。也许，这些现象可以解释白天人流稀少的原因。前面提到，松江新城的主要经济部门是制造业，大部分新移民是工厂工人。服务业还相当匮乏和低端[7]。像清洁工、园艺和保安等服务行业的工资要比农民稍高些。但是新城恰恰稀缺适合中、低收入阶层的住房商品，这与城市总体社会经济结构是脱节的。

从这个意义上来看，松江新城的性质和霍华德花园城市的理念有所区别。后者的意图是为工薪阶层在远郊区提供负担得起的质量良好的住房，同时力求让大部分人就地就业。相反，松江新城选择了高端的市场定位，新城被构想为中高收入者的上海后花园（例如泰晤士小镇和佘山别墅区）。这种发展定位很难对上海中心城的人口疏散和缓解城市蔓延起到作用。

结论和建议

从很多方面讲，松江新城都称得上是一个有价值的案例，甚至范例。首先，与混乱的市场驱动式的城市化模式相比，松江新城的开发遵循了相当综合全面的总体规划。分阶段的发展计划使城市公共事业和房地产业协调发展。城市的经济基础是建设新城的首要考虑；政府优先投资基础设施和道路建设以及城市环境的美化。其次，企业式的项目运营模式，使积极主动的公私协作成为可能，这在一定程度上减轻了政府的经济压力。强力、有效的自上而下的项目管理措施，确保了新城发展进程严格遵照空间规划的指导，同时市场力量也得以被充分的利用和管理。简言之，松江新城是一个政府主导、规划、管理，并同多元化的商业投资者协调合作的成功的写照。

然而，更重要的是为目前所呈现的问题寻找解决方案。总结全文，我们可以为松江新城的未来以及中国其他新城的发展提出以下三点主要建议。首先，“循序渐进”的发展方式应该取代“速成城市”的概念。只有这样，才能有时间和机会检验市场的真实反应，才能对规划及实施做出及时调整。其次，公私协作中不同合作方之间的平衡和互动应该进一步加强。合作者不应该只被动地遵循总体规划或仅局限于自己的个体项目上，而是应该能够在城市发展构想、决策和规划编制的全局中更有主动权。最后，就空间规划方面，主要建议是规划设计应该避免各种形式的社会和空间分层和分隔。特殊功能的布置应该着眼于互

14

14
尺寸过大的街道（摄影 /Harry den Hartog）

15

19

16

17

18

15,16
松江新城的几个购物中心（摄影/Harry den Hartog）

17
DVD路边流动摊贩（摄影/Harry den Hartog）

18
松江新城的小区入口（摄影/Harry den Hartog）

19
豪华小区的棕榈树（摄影/Harry den Hartog）

相融合，而不是成为城市生活的障碍；为加强街道活力，公共空间的设计需要更符合人的舒适尺度。作为一个新城，社会人口的混合性和多样性也是相当必要的。对于已建成区，未来可以从城市设计的尺度寻找改善方案。如果能够按照以上建议调整城市管理的方式和城市设计的质量，相信下一个建设期(2010—2020) 的新项目，特别是轻轨站周边地区，将非常有潜力发展成为新的城市核心区，给新城带来新的活力。

20

20
松江新城的商业中心和宾馆 （摄影 /Harry den Hartog）

追述一城九镇规划的空间政治

Tracing the Politics of Space in One City and Nine Towns

马冉 · 纽恩豪斯
Marijn Nieuwenhuis

我们相信，到了环境可控的程度上，人们在该环境中的适当反应也是可预见的……迪士尼以良好的商业感觉，努力控制大部分环境。
—迪士尼发言[1]

首先，我们塑造房子，然后，房子塑造我们。
——丘吉尔

本文试图分析触发“一城九镇”项目建设的潜在空间政治动力。“一城九镇”项目，置于历史性的中国文脉中，是异质的，但是，正如我将讨论的，却非常具有中国目前的现代化进程特色。

为理论性地认识、定位不同历史时期中国城市形成与发展中政治的角色，依循时序的纵览是重要的。在西方语境中，政治与空间生产的关系已得到广泛分析，但令人惊讶的是，就中国而言，这样的研究依然有限。中国的城市空间模型一直受政治考量影响，可能而今尤甚，这一事实提供了细查空间政治生产之历史发展的重要机缘。此外，这样的分析有助于区分新旧中国城市空间。虽然，中国城市演化中存在间断之处，塑造这些城市的种种形式，其发展与断裂之下政治建构的种种世界观与意识形态的连续性发展却不可否认。

城市

城市被许多人称为人类对现代文明形成与发展的最伟大贡献。据段义孚的观点：“是专为人使用而创造的一种环境……既为小偷也为城民。”[2] 芒福德（Mumford），（至少在我们的现代）最著名的城市理论家之一，认为：正是在城市，“文明的财物品类繁盛、成倍增加”，他强调，城市是“人类经验转化为可行的行动符号、标识（和）秩序系统”之所在[3]。这种明确的城市概念同时支持着城市建构的社会与内在政治本性。换言之，城市由其万千社会联系，反映、影响并塑成我们共同的文化价值和个人身份。[4] 作为地方建造者和政治意识形态的转译人的建筑师和城市规划师角色，因此并不只局限于审美目的，而且也固然与城市社会叙事（及其现实）的创造相联系。

政体和近代城市发展的关系可追溯到前柏拉图时代。空间组织及其固有政治维度的内在关系，日后在亚里士多德（Aristotle）对希波丹姆式（Hippodamian）[5] 城市规划的描述中得以形象化。亚里士多德解释了这首批城市模型之一如何基于一座城邦：“一万人口，分为三部分：技术工人、农民和携带武器司职防御的人。地域也被分成三部分：神圣的、公共的和私人的……”[6] 从这一描述中，我们可以轻易地识别劳动分工的雏形观念，以及关于城市分区和空间政治组织方法的早期方案。换言之，从这一关于空间的科学理性处理的早期记录中，人们可以意识到之后将塑造我们近代化西方城市的种种轮廓。

类似的道理，在试图理解异质如“一城九镇”的事物前，我们应首先了解中国城市的基本历史发展。

早期的中国城市

相对封闭的中国历史发展使其城建历程与欧、美城市迥异。人们常说，中国的古代城镇特点鲜明，规划形式固定，城镇由此被划分“为自足的单元，以最小化邻里单元间的互动，以利对城镇居民的社会控制”[7]。就城市总体的空间集聚而言，墙的主导性使城市网格高度对称，反过来，造出术语“棋盘城”（出

1 朱迪（Chung，C.J.），迪士尼空间，收编于库哈斯等编的《哈佛购物指南》，Taschen 出版社，科隆，2002。

2 段义孚，空间和地点：一种经历的视角。美国地理学会，65（2），151～165 页，1975。

3 刘易斯·芒福德，《城市文化》，MartinSecker & Warburg 出版社，伦敦，1938。

4 毕竟，莎士比亚在《科利奥兰纳斯》中写道：“有人民才有城市”。（译文出自朱生豪译本，校者注）

5 米列都的希波丹姆（Hippodamus of Miletus）常被认为是最早的城市理论家之一，他明确地将城市规划与政治理念相联系。

6 亚里士多德，《政治学》，企鹅图书公司，纽约，1981 年 7。

7 Wu Jin，中国城市形态学的历史发展，《规划视角》，8 期（1），20～52 页，1993。

处同上）来描述中国上下城镇住宅单元和城市区域的日趋标准化。严格的时间和（尤其是）空间使用，依弗里德曼（Friedman）[8]之说，似乎映照出“一种对（社会）秩序普世状态的渴望”。缘于城墙外贸易的增长和礼教松懈，后来的古代城镇逐步扩展，逐步模糊了城乡分界，取而代之的是我们今天所说的“城乡一体（urban-rural continuum）”。[9]西欧近代城镇的历史发展，以集中型（centre-oriented）城镇的理性主义功能性为标志。中国城市开始更有机地扩展，其过程往往缺乏理性主义的功能性。另一重要和相关的差异是农村地区的长期社会重要性。这体现在，譬如，中国文化的“农本”价值观。在城镇形成中，农村认同的主导性也部分地使弗里德曼认为，“在几乎整个帝国时代，城镇认同仍相对薄弱”。城镇当时没有自治的政府，而是被归于更大的行政单位中，这也形成了城乡区别较小的另一个原因。换言之，不同于欧洲城镇在历史上占据国家社会、文化发展的中心舞台，中国一直保持着更平衡的城乡共生。中国城镇的“弱势”地位持续到 19 世纪中期的半殖民地化方式转变。

鸦片战争带来的西方现代性，不仅挑战了中国传统生活方式，也改变了中国城镇的特有概念。就我们的讨论，这至少有两方面：首先是对社会建构的空间的不同理解。经历殖民化之前的中国城镇，如上所述，建立在“一种真实而理想的社会秩序……”之上，“建造者们立意将城市建成一幅真实的宇宙图景，整体有序，象征权力、秩序，并顺应自然”。在中国的通商口岸，西方城市规划的引入，导向了空间解放和对建成环境的切实、理性组织。在政治困境中，中国城镇不仅见证了传统价值观、建筑和生活方式所受的冲击，也同时经历了第一批工厂、商场和其他近代资本主义都市景观的兴起。通商口岸商贸增长的结果使城镇空间相对于农村的整体重要性得以改观：城胜于乡。这一发展中断了中国长期以来的城乡一体，为现代化进程开道（基本上是城市化）。这两个转变（即同步的空间解放和在城市政治、经济、文化优越的背景下引入外国形式），导致了城乡不平衡发展，最终成为新中国革命性的城市空间重组的基石。

众所周知，毛泽东对城市的态度颇具争议。例如，马思乐（Meisner）认为，毛泽东早期著作中可见的对农村的强烈偏爱说明“（经历了半殖民地后的）城市被认为与外来影响联系紧密，而农村则与国族相联系”[10]。相似的，人们也相信，毛泽东“认为城市生活太软弱，缺乏革命精神，并给身心应强化的城市官僚和知识分子贴上‘城市老爷’的标签”。为追求社会主义和更均衡的社会空间发展，企图动摇并重新配置被商贸腐蚀的城镇基础。最初是效仿苏联规划模式，与苏联地缘政治关系破裂后，这个模式转化为更严格的城镇空间组织。街巷的扩展、旧城墙的拆除以及城市规划的标准化都源于毛泽东所希望的一种新城——一种坚持不同于自由主义现代都市的社会主义别样之选。

新中国初期，城镇最突出的特点，是容纳城镇 90% 人口的“单位”。这些单位不仅像苏联所有的生产工厂，同时也提供工人住宿。这些以围墙圈起的场地，一如中国帝制时期的里坊，本质是政治性的，以更好地控制城镇居民，并同时加上社会（主义）意识形态秩序[11]。曾赋予中国近代城镇日常雏形的（公共）街道缓慢死去，这像征了共产党对城镇社会动力强有力的控制。换言之，精心组织的空间鼓励社会主义的生产方式（和意识），社会主义城镇通过这样的空间组织样式控制，同时让对立的意识形态无处容身。

当代中国城市

邓小平作为中国革命性的改革者的出现，标志着中国城市现代化的开端。

8 约翰·弗里德曼（John Friedmann），地点的思考和中国城市的打造，《国际城市与地区研究杂志》，31（2），257～279 页，2007。

9 城乡空间重叠导致城墙外城市生活的延伸。这在马可·波罗的文字中可见。他心念元大都，写道：“城市的扩展沿主要道路深处约 3 至 4 英里；郊区的建筑密度甚至超过城里的一些区域”。《马可·波罗游记》，科姆罗夫等撰写，波摩拿出版社，伦敦。

10 莫里斯·迈斯纳（M.Meisner），《马克思主义、毛泽东主义与乌托邦主义》，威斯康星大学出版社，伦敦，1982。

11 大卫·布雷（David Bray），《中国的社会空间和治理：单位系统从产生到改革》，斯坦福大学出版社，2005。

现代城市，反抗其前身的空间政治意识形态，一如以前的城市。这一反映的程度，在城市规划史中，是动力空前的章节。当代中国城市（自愿）开放性和可达性（accessibility）水平就中国历史而言是史无前例，城市改头换面，难以辨识。有影响的建筑师，诸如雷姆·库哈斯把中国对新的城市环境的渴望比作“感性”甚至“性感”的经历。城市规划师托马斯·坎帕内拉（Thomas Campanella）引用丹尼尔·伯纳姆（Daniel Burnham）的名言“不做小的规划”来描述中国对城市白板（tabula rasa）的最新描绘。但是，国家景观的转变不仅事关大小——宏大和奇观，也是一种新的现实意识形态的结晶。

正在改变中国城市景观基本原则的创造性破坏，这种力量释放的基础，要追寻到 1978 年开始的改革开放。改革开放不仅标志着中国的社会经济与新中国初期断开，也是国家从此走向自我蜕变的一座分水岭。对新城市的需求，时而截然割断过往，时而默默沿袭逝去的残余，标志着一种新社会经济系统的到来。这一点或许没有地方比上海更可见，它自豪而自负地认可资本主义奇迹，好像从不知道不是那么回事。上海的发展显示并积极鼓励着：断开历史束缚、苦痛，以引入城市身份的新（现代）标准。动迁大量城镇居民到偏远郊区，拆除整个传统住宅区，继之建设让纽约脸红的摩天楼天际线，在这个意义上，构成一项综合的目标——建设一座新的中国城市——并为之作证。

这座新的城市，纵然与其前身的转变有着深刻的相似之处，却与之迥然相异。这是因为，国家乐于接纳一种资本主义现代性：城胜于乡、形式胜于内容、金钱胜于意识形态，它反映了这一点，呼应着这一点。新时期的中国，在实现与保护（preservation）国家的政治经济和社会文化系统方面，城市已成为空间组织和文化表征的重中之重。这也并不奇怪，建筑师和城市规划师的影响力自 1978 年以来一路飙升。他们肩负重任，与之匹配，他们将巨大规模、尺度的城市区域改造成不可否认的奇迹景观，准备有序地迈入“扁平化世界”（flattenedworld）的国家认同即是目标。在这个意义上，“一城九镇”项目表征着存在于形式和内容之间、过去和未来之间、此地和他乡之间不可避免的矛盾。

此地何时：“一城九镇”项目

“一城九镇”项目与时间、地方和文脉抵牾，体现了中国的当前状况。新的政治经济思想下，新型的个人、新型的文化，以及尚需与历史轨迹合辙的新型城市应运而生。“一城九镇”项目的实验色彩，换言之，既是在时间中探索一种新的地方，也是对中国已加入资本主义世界秩序行列的形象性（figurative）肯定。

中国（重新）融入世界经济，正发生在信息与空间实时性瞬息可达的年代。当下的真实由“微型元件、内存条、命令模式……”构成，“（通过这些）可复制无数次”，在无数的地方。空间产品已无须理性，因此并不需要植根于顺序的时间或文脉化的场所，因其外观“不再由（近现代）理想、典范或负面例子评估”（出处同上），而可与除其交换价值外的任何意义脱开。

“一城九镇”项目中的建筑，被期望表征荷兰、西班牙和英国历史建筑的记忆，但就此而论，在文脉上与中国或上海无关。尽管其形式可能会模糊地提示欧洲访客其籍贯所在，但并非生于斯时斯地的中国人在其心智的逻辑框架中无法认同或接受这些外来的规划，于是不得不为这样的地方附会上新的意义。换句话说，这些房子成了带着昂贵标价牌的拟像（simulations）。因此，我们

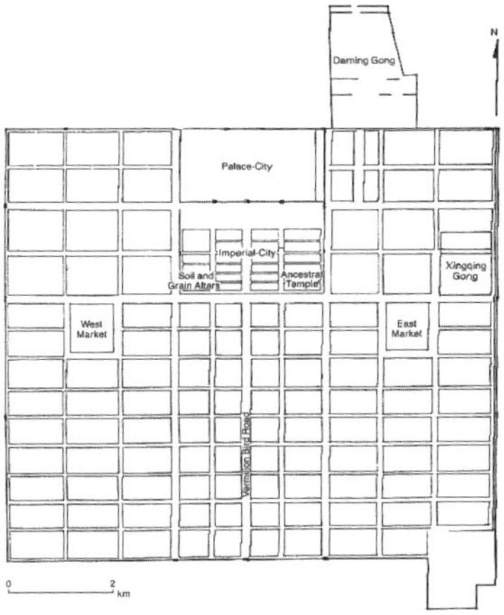

1

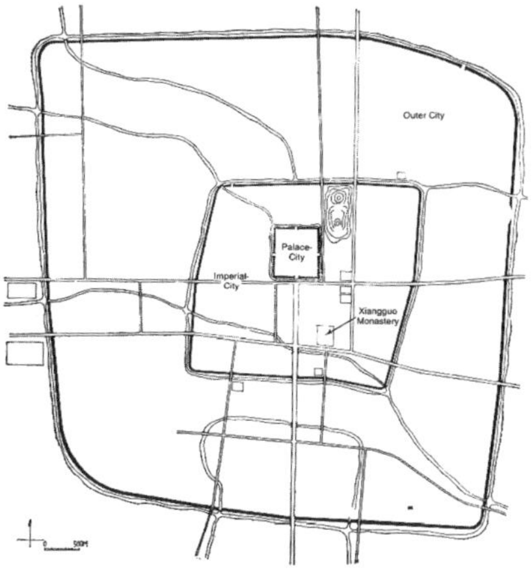

2

3

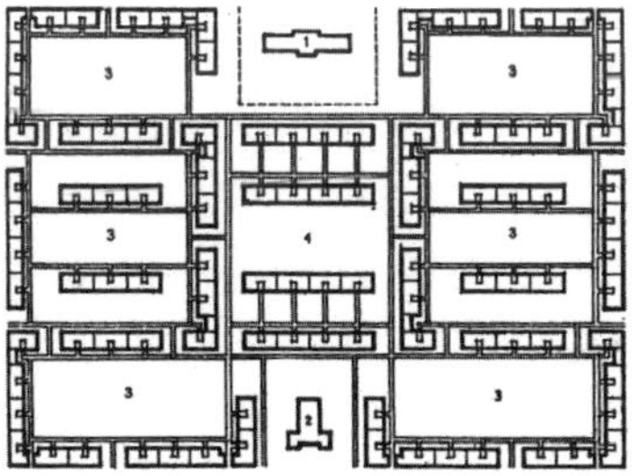

4

1
隋唐时期都城长安城的规划（约公元 582—907 年）显示 108 座城墙（来源 / N.S. Steinhardt，中国皇朝城市规划，1999 年）

2
北宋汴梁（现开封）的规划，约 1390 年 （来源 / N.S. Steinhardt，中国皇朝城市规划，1999 年）

3
19 世纪晚期上海早期广告（和法国国家研究局研究项目“虚拟上海：上海城市空间”）

4
居住小区规划 （来源：D. Bray，中国城市社会空间和治理，2005 年）

12 詹明信（Jameson, F.），未来城市，《新左派评论》，21期（5月/6月），65～79页，2003。

13 为理解晚期资本主义的文化逻辑而提及迪士尼当然并非偶然，迪士尼在例如波德里亚关于超真实拟像（HyperrealSimultations）的著述和朱迪（Chung, 2002）的空间商品化理念中就非常重要。迪士尼的影响也见于Zukin的名著《权力的地景：从底特律到迪士尼世界》（Landscapes of Power:from Detroit to Disney World, 1991）。在书中，她指出迪士尼的成功根植于它对"建筑是象征资本（Architecture is the capital of symbolism）"的实现（Zukin, 1991:260）。上海将成为世界最大的迪士尼乐园之一的所在地，这一事实说明了这个国家的空间和文化气候。

14 这一小标题最早出自马克思的历史观：历史起先以悲剧发生，第二回则是闹剧。这一观念为齐泽克（Slavo Žižek）撷取，为其最新著作的书名。

15 这与文首引用的丘吉尔的名言相似，并与芒福德的观念有着共性"心智吸收城市形式；反过来，城市形式制约头脑"，1938：5。

16 梁思聪（Leong, S. T.）……然后就是购物，收编于库哈斯等编的《哈佛购物指南》，Taschen出版社，科隆，2002。

不能将这些建筑作品视为（所谓）原作的复制品，因为它们没有历史，与地方格格不入，只有政治经济的关联而没有其他文脉关联。

"一城九镇"项目象征了国家政治依赖于经济增长。为扩大新增岗位和新增投资的剩余价值，为满足中产阶层的郊区化需求，为满足房地产市场投机，以及，或许最重要的，拟像的消费需求，如此等等，都是驱动政府以为合理并驱动制造"无时无地""东西"的力量。显而易见，这也是中国版的资本主义生产方式，被詹明信（Jameson）[12]不恭地译为"后现代社会主义"，在空间具体化（the reification of space）中扮演催化器的角色。共产党领导下的"具有中国特色的社会主义市场经济"，不仅改变了中国城市面貌，也彻底地割裂种种传统、文化和认同，在诸如"一城九镇"的案例中，则戏耍时间与空间逻辑。事实上，该项目由前上海市委书记黄菊发起，最初意在颂扬上海作为一座全球化城市的历史，而全然绕开同一座城市在不太久的过去为西方帝国主义者征服和"欺侮"的事实，这也证实了内容实质的消逝，肯定了城市空间迪士尼化（Disneyfication）的胜利。[13]

当现实误入歧途，会发生什么？我询问一位在香港工作的重要的中国城市理论家，他是否害怕外国形式会威胁中国城市的历史传承和独特氛围。他郑重地看着我，微笑作答："我们的城市已经变了；我们古老的传统和价值观多受贬抑；是的，不可否认，我有时想念过去。然而，中国人觉得，比起忆往之苦，相信现代的种种承诺要轻松些。"。但问题仍在：一种拟像的语言是否可能"重新获得不仅是形式上，更是实质和经验的连贯一致"？

先是悲剧，再是闹剧[14]

在中国城市发展的顺序概述中，我试图让读者一览城市形式背后始终存在的政治动力。政治的强大影响力，形态上、语形上（morphologically）将城市转化为内嵌结构性句法的可读文本。在帝国时代，我们看到：墙如何封闭空间，从而创造出形成日常性并塑造中国城镇居民身份的"内"与"外"。[15]

过去，同样类型的墙为空间政治工具化之用。然而今天，城市已从昨天的控制之链中挣脱出来，现在有的是解脱的欣快感。

"一城九镇"项目是中国拥抱市场经济的标志。它以最炫目的形式、形状和色彩将希望、梦想和渴望带到中国人家门前。中国政府已依赖于迷幻魔法——"致富光荣"。昨日的墙仍然存在，社会空间依然内外有别，但这些空间分界现在不再以具体形式为人识别，不可见的指引则来自市场的无形之手。购物，而不是那些墙，现在是"市场固化其对我们空间、建筑、城市、活动和生活掌控的媒介。这是一定程度的物质结果，在这种程度上，市场经济已经塑造了我们的环境，并最终塑造我们"[16]。

"一城九镇"项目已成为这双无形之手的产物。为了使中产阶级居民、富裕的管理者和房地产投机者们可以"光荣"地生活在新时期的中国，这双无形之手手指轻动，将时光指针拨回过去，而其他不那么幸运的人们却被留在今日的新墙之外。

5

5

张择端原版《清明上河图》的城市生活，12 世纪，长卷式，24.8 厘米 × 528.7 厘米（来源 / 北京故宫博物馆）

重新想象中国城市

The Re-imagination of the Chinese City

藤田麻里
Mari Fujita

哪里有消费，哪里就有愉悦；而哪里有愉悦，哪里就有能动性。
——阿君·阿帕杜莱[1]

中国住宅市场的私有化引发了城市想象的一场革命。据布鲁克拉玛(Brooke Larmer) 说：“中国家庭不再长期住在国家分配的房子里。现在，就像在西方一样，他们是参股者，在市场中购买，急于搬进更好的房子。”[2] 中国城市的物质形态以及对个人与集体的社会理解正经历一场里应外合、由全球市场与现代个体共同驱动的转变。本文将以想象在当代中国扮演的角色为中心，探索家宅与社群的空间与社会转变。消费主义与个体能动性的关系作为当代中国社会和空间想象的关键组成，也将是论述所在。

在西方，现代性——由资本主义、工业化和世俗化兴起所表征的后传统时代——引起过巨大不安，从卡尔·马克思到于尔根·哈贝马斯到汉娜·阿伦特的社会理论家在写作中都进行了充分的论述。对受压抑的消费公众的描述让人难忘，被视为不公允的资本主义系统的后果，即人遵从效率的逻辑与控制。[3] 然而，当代的社会理论学者，已挑战了现代性的结果，催生出被动、均质的消费群体的看法。媒体即是一个好例子：尽管有对资本主义系统中大众传媒将会带来压抑的恐惧，大众传媒鼓动“反抗、反讽、选择性，以及总体来说，能动性”[4] 的事例也已被记录在案。

在中国，现代性经历了一个与西方经验不同的过程。直到最近，工业化与世俗化并未与社会主义制度中的资本主义系统相伴。接续始于 1978 年“四个现代化”的市场改革，市场的逐步开放允许中国人尝试“现代性的方式”[5]，也最深刻地影响了个人。

在中国城市居民日常生活中，最戏剧性的变化在于因住宅市场私有化导致的单位 (工作单元) 体系的瓦解。单位是管理性的、社会性的、空间性的单元，构成社会主义中国城市发展的基础。毛泽东对中国城市的深刻影响表现为如下事实：至 1978 年，99.9% 的工人为国家雇佣，78.5% 的中国工人工作、生活在单位中。[6] 为理解现在的变革，对单位 (工作单元) 的空间和社会描述是必需的语境。

单位一度对中国城市的日常生活如此重要，以致人们会说：一个人可以没有工作，但不能没了单位。
——吕晓波[7]

单位的背景

中华人民共和国成立之前，引发单位成形的城市规划与管理概念在中国已然存在。当蒋介石的重要顾问甘乃光从他在美国的研究中带回工作单位的管理模式，这一术语自身已悄悄进入国家政策的语言。很大程度上由于甘乃光的影响，“工作单位这一短语早在 1940 年即指‘工作场所’”。[8] 单位作为一个城市规划概念，源出美国模式的邻里单元。由美国规划师克拉伦斯·佩里 (Clarence Perry) 推广的邻里单元设定了城镇的一种子集，空间上限于 5 分钟步行半径，居民人口为 1 万之内。位于步行半径中心的是诸如学校和商店的文化康乐设施。[9] 佩里的邻里单元影响了世界各地的规划。

虽然单位的管理和空间概念先于中华人民共和国成立，新中国成立后 20 年，单位体系才臻于成熟。最初，中国在管治、工业和规划方面依靠苏联的指点。

1 阿君·阿帕度莱（Arjun Appadurai），《消失的现代性：全球化的文化向度》，明尼苏达大学出版社，明尼阿波利斯市，1996：7。

2 布鲁克·拉尔默，《建造仙境》（Building Wonderland），纽约时代出版社，2008 年 6 月 4 日参考网站：http://www.nytimes.com/2008/04/06/realestate/keymagazine/406china-t.html?scp=1&sq=Building%20Wonderland%20By%20BROOK%20LARMER&st=cse。

3 尤尔根·哈贝马斯，《公共领域的结构转型（1962）和《交往行为理论（1981）。

4 阿帕度莱 :7。

5 阿帕度莱：112。

6 戴慧思（Deborah S. Davis），城市职业流动——天安门事件前夕的中国社会，89，哈佛大学东亚问题研究所，1990。

7 吕晓波和裴宜理，概论：从历史和比较的视角看变迁中的中国工作场所，收录于《单位——历史和比较视角中中国变迁之所在》，3，M.E. Sharpe 出版公司，纽约阿蒙克，1997。

8 卞历南（Morris L. Bian），《现代中国国营企业制度的形成：制度变迁的逻辑》，哈佛大学出版社，剑桥，2005：170。

9 克拉伦斯佩里（Clarence Perry），《1920 年纽约区域规划的邻里单位》。

1

1
梅山炼钢厂的居住小区——南京（来源：中国建筑科学研究院，新中国建筑，中国建筑工业出版社，北京，1976 年）

2

3

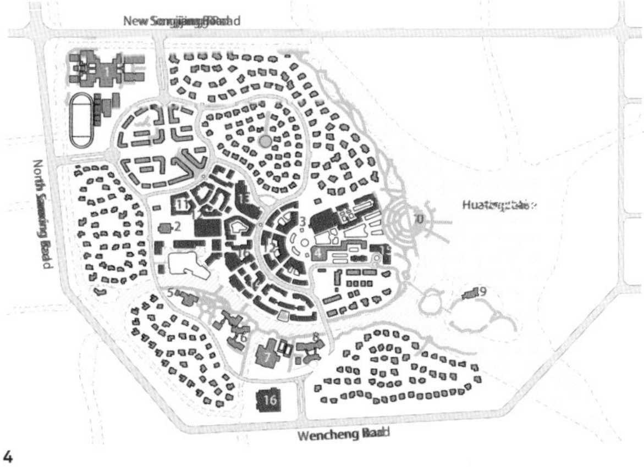

4

2

梅山炼钢厂的居住小区——离南京市 20km，1969—1971 年（地图提供 /Mari Fujita）

（1）单身工人宿舍

（2）—（5）配备设施

（6）—（11）商业空间

3

一个居住小区的范例——曹杨新区，上海，1953 年（地图提供 /Mari Fujita）

（1），（2）住房管理

（3）—（20）配备设施

（21）—（29）商业空间

4

一个当代发展中国的范例——松江泰晤士小镇，2008 年（地图提供 /Mari Fujita）

（1）—（10）配备设施

（11）—（16）商业空间

10 吕俊华等，《中国现代城市住宅 1840—2000 年》，帕莱斯特出版社，纽约，2001：132

11 更多信息可参考藤田麻里（MariFujita）和安德森（Jason Anderson），建立城市寓意，收录于 Vinayak Bharne 主编的《亚洲城市的诞生》，罗特里奇出版社，伦敦（待完成）

12 巴瑞·诺顿（Barry Naughton），单位：一个独特制度的经济基础，收录于《单位—历史和比较视角中中国变迁之所在》，171，M.E. Sharpe 出版公司，纽约阿蒙克，1997

13 吕晓波和裴宜理：7 引用 E.M. Bjorklund，单位：中国城市工作单位的社会经济空间特征，《经济地理学刊》，60 刊，第 1 期，1986 年：21

14《财经杂志》，1998 年 3 月 20 日：1

15 戴慧思（Deborah S.Davis），从福利优惠到资本资产：城市中国的再商品化的居住空间，收录于詹姆士·李等主编的《住房与社会变迁：东西方的观点》，185—188，罗特里奇出版社，伦敦，2002

1950 年的《中苏友好同盟互助条约》为中国提供了 1 万名输出苏联经验的苏联顾问。中国政府急于以一种更适合的东方模式取代意识形态上步入歧途的（美国）邻里单元，因而全力支持苏联的大区规划（Superblock Schema）。这样的“大区”，其组成通常是一组四至六层的建筑体量环绕一块中心为公共设施的广场。大区模式的直接输入在中国文脉下被证明是问题重重的，因为“沿四周的布局产生大量的西向窗户，临街单元受困于噪声与污染，并且很难获得对流通风”。大区模式的失败启发了对诸如俄国“小区”（Microdistrict）之类新方法的采纳，“小区”作为规划概念的意义胜于城市形态类型的意义。“小区”被定义为一种自足的居住区，面积 75 ~ 125 英亩（30.4 ~ 50.6 公顷），人口在 5 000 ~ 15 000 之间。中国建筑师和规划师能将建筑朝向和规划布局的本地知识结合到整体的城市规划概念中，创作出更适合中国文脉的设计。正是这一时期，中国人摆脱了苏联专家，因为全盘照搬苏联模式被批评为“理性设计但非理性使用。”[10]

中国和俄罗斯关系的恶化也加剧了俄罗斯事务的新争议。尽管中国当局试图描述新阶段的小区规划与过去有进一步的突破（改善），但小区空间组织的原则本质上仍然遵循单位制，并直接趋向成熟单位的发展。1953 年，上海曹杨新村是用小区原则设计的。1969—1971 年，靠近南京的梅山炼铁厂，也是按照单位原则设计。当比较曹杨新村和梅山炼铁厂的居住小区，层级空间结构、住宅和设施整合及以行人为主导发展的相同原则显而易见。作为备注，2008 年松江新城的泰晤士小镇作为私有化和前单位发展的实例研究揭示了类似于小区和单位的价值特性。[11]

20 世纪 60 年代中期，“大跃进”的失败以结构转型告终，这一转型使单位发展出它的成熟或“经典”形式。变化包括企业财务制度的规范化和更有效的管理。[12] 单位被构想为一个生产的单元，提供城市居民稳定的工作、可支付的住房、平价的医疗保障以及包括交通与退休养老的补助，从而整合了工作场所、住宅与社会性服务设施。单位的例子包括大学、政府机构、煤气公司和电子零件公司（当然全是政府控制的）。个人属于单位，从 1960 年直至 1980 年，对中国大部分城市居民而言，单位是其个人认同、家庭感与社群感的源泉。

单位的家长式结构控制个人生活的所有职业与私人方面：档案（个人纪录）存放在单位，结婚、旅行都要通过单位的批准。一个人的政治面貌和活动通过单位监控并记录。社会方面，一个人的关系网常常局限在单位范围。一家单位最突出的特征是它的围墙。“当开始建设一家新单位，筑墙是施工的第一步，而不像在北美通常是最后一步。与其相关的建筑是内向的，而不是外向的……这样的空间安排创造了一个内部受保护的区域，一种划界效果以及一种排除外人的手段。”[13] 工作场所、住宅和社会性设施紧邻整合，使居民可以在这一复合体的围墙之内处理绝大部分日常事务。因为这个原因，也因为旅行需经单位同意，一个人很少离开单位的所在地。

走向私有化

1978 年的“四个现代化”标志着单位开始走向终结。20 年中，市场逐步开放，至 1998 年朱镕基正式宣布中国的房地产市场化而达到顶点。[14] 同年，国务院发布的 23 号文件，宣布废除中国城市的福利房。除了经济困难家庭，单位要向其职工出售全部住房。1998 年 12 月之后，不再允许住宅以低于造价的标准估价和出售。[15] 人们在此期限之前蜂拥买房，拥有住房的家庭急剧增加。

5

7

6

8

5
航拍 2004 年曹杨新村（摄影 / 陈泰明）

6-8
曹杨新村的今天依然是一个活跃的社区（摄影 /Harry den Hartog）

到1990年底，针对中国14个大城市所作的一份市场调查报告显示“72%的居民拥有房产”，[16]“于是，在一个突然的声明中，中央政府放弃了他们可能有的所有意识形态矜持，全面私有化，注意力转到在全国加速提升拥有完全产权的城市居民数量。”[17]房贷计算器、房地产展、家庭装修商店、电器商店、家具展示厅和发布新开发案的广告牌，很快成为主要中国城市日常风景的组成部分。

“例如，上海一些更为奢华的酒吧和迪斯科舞厅，是复制异国情调的地方——一个是古埃及，另一个是一间爱尔兰酒吧，这是‘把想象力从地方性中解放出来’的好例子。”
——乔斯·甘布尔[18]

后单位空间

随着单位的终结，出现了一套揭示单位对于想象城市空间重要性的新术语。单位围墙的存在定义了内与外；于是描述离开单位另谋工作机会的词是“出来”。[19]这一行为的出现，标志着“单位人”与“社会人”的状态转变。对戴维布雷（David Bray）而言，正是这一转变“标志着中国城市中现代个人的兴起与单位的死亡。”[20]单位之外不受限制的空间为“社会领域”，这一看法很有趣，因为它打开了城市潜在的新空间：不一定是属于个体的新空间，而是关于对话与协商的新空间。另外，社会性与空间性（或虚拟或物质）的结合也是正面的，因为这强调了城市空间的必要性。

因为单位在国家政治意志、个人生计与个人家庭领域间强加了一一对应的关系，控制个人生活的方方面面的机制是复杂而多样的。社会人的美丽新世界是一个没有限制同时充满未知的世界，也是一个有着一种新型空间的世界。在这种新空间中，个人和国家之间有可能建立一种相互协商的关系，人们可以体验包括旅行与生活方式选择在内的个人自由。

身份、能动与想象

在单位之外的新空间，国家控制和集体意识被弱化，带来“社会类属与社会表征的相对多元与模糊”。[21]我们可以从不同的角度理解这一现象。本文开头提到了经济学的看法：消费主义产生愉悦，而愉悦带来能动性。人们开始拥有的个人能动性，或者说，有着自我意识的被赋权的个体的兴起，对身份认同形成的过程有正面贡献。另一个理解这一现象的角度是：在20年的空间内，中国城市已从现代走向后现代。在后现代状态下，身份认同是流动的，往往是多重的而不必总是协调一致的。正是在这样的状态下，身份可以是游戏与实验的所在。据当代文化理论家斯图尔特·霍尔（Stuart Hall）的观点：“主体在不同的时间采取不同的身份——那些并不统一在一个协调一致的‘自我’的种种身份。我们具有相互矛盾的身份，引向不同方向，于是我们的身份认同持续地四处飘荡……我们面临着种种可能身份的令人困惑的、飞逝的多样性，这其中的任何一种我们都可能认同——至少是暂时地认同。”[22]

松江新城与泰晤士小镇的开发商上海恒和置业有限公司2003年的一份新闻稿称：“外国游客将很难分辨哪里是欧洲，哪里是中国。”[23]这里宣称的是跨越洲际的文化模糊性，在空间上和社会意义上都相当让人着迷。开发商试图利用的是中国城市中以外国的或异域他乡的商品或形象进行实验的潮流。活跃

16 戴慧思，2002年：189，citing 中国信息报，2000年1月10日：1。

17 戴慧思，2002：188。

18 甘布尔：105，引用阿帕度莱1991：202。

19 甘布尔：118。

20 布雷：158。

21 甘布尔：13。

22 斯图尔特·霍尔，文化身份问题，现代性与其未来，大卫·赫尔德和安尼·麦克格鲁主编，273—316，剑桥：Polity Press出版社，1992。

23 赫伯特·莱特，速成城市，伦敦：Blackdog Publishing出版社，2008年：77。

9

9
泰晤士小镇的闭路电视摄像机（摄影/Mari Fujita）

13

11

10

12

10,11
泰晤士小镇的日常生活（摄影 / Mari Fujita）

12
空虚的泰晤士小镇（摄影 /Mari Fujita）

13
泰晤士小镇的雕塑（摄影 /Mari Fujita）

寻求新形象

天惠烧烤城

禁止游泳

的香港流行乐、美国时尚、爱尔兰酒吧、装饰着来自埃及的(假)古董的夜总会……是通过至关重要的想象力的参与，使地方性从空间中脱离或解放出来。在创造多元的“世界”里，想象的角色激动人心，充满潜力。

住哪里和怎么住

私有化市场上家宅风格的多样选择使“住哪里”和“怎么住”的问题在中国人中已引起很多讨论。这些选择影响了对正在呈现的当代中国身份的讨论。有的中国人批评西方主题的住宅开发项目——包括“一城九镇”的那些。一位退休政府官员在一篇美国报纸文章中受访，说她不会让她的家庭住在一个西方风格的开发案中，因为“我们不是外国人”。[24] 另一些人支持这些开发案，其中包括杭州威尼斯水城的总经理，“甚至很多住在美国的美国人也更喜欢买非美国的东西……这不意味着人们在否认他们的祖先留下的传统”。[25] 近期的一位买家这样描述她的四间卧房的联排住宅的可爱之处：“就好像我住在国外，但仍在中国，人人都说中国话。”[26] 反对者指责主题性新城规划的构想，认为它们是大假货。在泰晤士小镇中心树起温斯顿·丘吉尔和戴安娜女士的雕像，是不是走过头了？建筑正在参与中国历史的这一关键时刻，这一点是激动人心的，因为这说明建筑和城市化在想象新的中国城市的重要行动中仍然息息相关、充满活力，建筑是共谋者，也是途径。

24 安瑞阿娜·查，中国后院兴起的西方国家，华盛顿邮报，2007 年 4 月 17 日。参考网站：http://www.washingtonpost.com/wp-dyn/content/article/2007/04/10/AR2007041001656.html（accessed 15 July, 2009）。

25 布鲁克·拉尔默。

26 布鲁克·拉尔默。

摄影专辑
Photo Essay

新市民
New Citizens

陈泰明
Chen Taiming

我和我的丈夫曾都是农民。20 世纪 80 年代我们住在乡下造的房子，离这儿不远。现在，我们把老房子分层租给了外地来的农民工。院子里的谷仓被作为一个美发沙龙及商店使用。几年来丈夫在建筑工地工作，我在一家豪华车配件加工厂上班。晚上我还在家做些缝纫加工，多赚些钱，可以及早偿还房贷和亏欠的装修费。这房子是为我们儿子买的。有了房子他就好找妻子。他毕业后就当了兵，现在刚回来。希望他早点找到工作和女友，最好是在附近，不要去上海市中心工作。

一个现代农民家庭（枫泾新镇）

A former farming family in Fengjing New Town

1. 厨房
2. 餐厅
3. 客厅
4. 卧室
5. 浴室
6. 阳台
7. 工作室

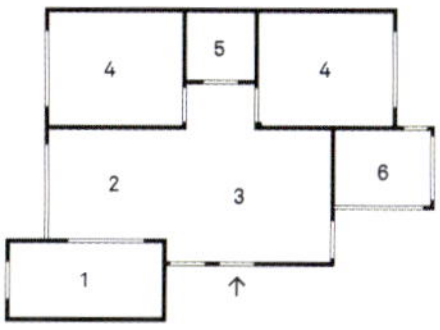

年份

2006 年

价格（2010 年）

7 000 人民币 / 平方米

面积

63 平方米

离人民广场的距离

1.5 小时 / 公交车和地铁

以前我住在南京。我的丈夫毕业后在松江区政府工作。2005年，他抽签买下了这个公寓。当我遇到他时，这房子里面看起来一塌糊涂。我的侄子甚至因为陌生的环境还哭了。但我是一个室内设计师，后来对房子内部结构进行了大幅度翻修。该社区也得到了改善，中心地区后来建造了些设施，这里的小河边是最愉快的散步路线。同时，房子的价格涨了一倍多。现在我的表弟很喜欢这里，几乎每个周末都从南京来这里玩。

一个年青中产阶层家庭（泰晤士小镇）

A young middleclass family in Thames Town

1. 厨房
2. 餐厅
3. 客厅
4. 卧室
5. 浴室
6. 阳台
7. 工作室

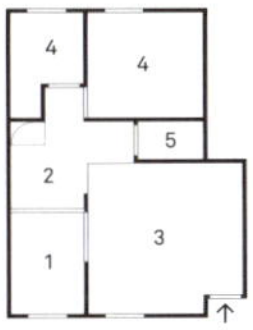

年份
2006 年
价格（2010 年）
17 500 人民币 / 平方米
面积
46 平方米
离人民广场的距离
驾车 1 小时

我们以前住在上海市中心。朋友介绍这里的房子很好。比较宁静，空气洁净，如果地铁完工，半小时内可直达人民广场。我们的女儿和女婿现在还住在上海市区，周末来这里和我们一起住。他们在这里有自己的房间。我丈夫是律师，在上海市区工作。他每天开车去办公室。

一个中上阶层家庭（罗店新镇）

An upper-middleclass family in Luodian New Town

1. 厨房
2. 餐厅
3. 客厅
4. 卧室
5. 浴室
6. 阳台
7. 工作室

年份
2007 年
价格（2010 年）
12 600 人民币 / 平方米
面积
100 平方米
离人民广场的距离
驾车 40 分钟

TV1
新闻综合
温家宝总理会见中外记者并回答记者提

A.O.Smith

以前我们有自己的商店，生意还不错。我们一家曾在卢湾区居住，就是现在世博会的地址。2008 年，我们获得安置费并迁移到浦江世博家园。我们把多余的钱用于装饰和购买家具，室内都是自己设计的。这个房子的质量很不错。我儿子快要结婚了。两个星期前，我们给他在周浦买了一套公寓，离这儿 15 分钟车程。我们还计划在北海再买一套公寓，就是“假山”（Fake Hills）公寓，由北京 MAD 建筑师事务所设计的。一些老邻居也从浦西搬迁过来，还有很多外省移民生活在这里。我们喜欢这里，当然与浦西相比，这里相对安静许多。因此，我们经常旅行，上次我们去了泰国。出小区步行 10 分钟就是地铁站和大超市。附近由台商投资的购物商场即将开张，这里将会越来越热闹。

一个中上阶层家庭（浦江新镇）

An upper-middle-class family in Pujiang New Town

1. 厨房
2. 餐厅
3. 客厅
4. 卧室
5. 浴室
6. 阳台
7. 工作室

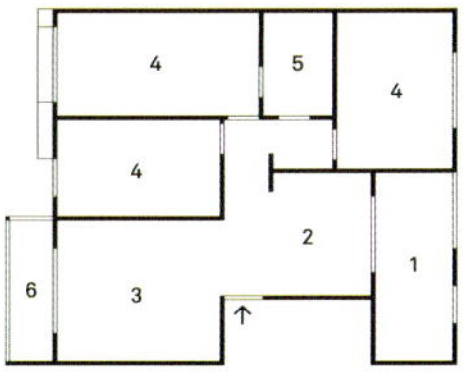

年份
2008 年
价格（2010 年）
12 700 人民币 / 平方米
面积
96 平方米
离人民广场的距离
30 分钟 / 地铁

MICKEY

菊
竹

我们已 65 岁。种了一辈子的地。现在，老房子和田都被征用了。政府分给我们这个公寓。每个月还给我们生活补贴。不幸的是，再也不能种植蔬菜和饲养家禽。我们还是挺想念过去的生活。虽然现在什么都要买，非常贵，但是，对我们这样的老人来说，新房子更好也更舒适。由于有政府补贴，我们有固定的收入，感觉也安全。

一个老农民家庭（临港新城）

A farming family in Lingang New Harbour City

1. 厨房
2. 餐厅
3. 客厅
4. 卧室
5. 浴室
6. 阳台
7. 工作室

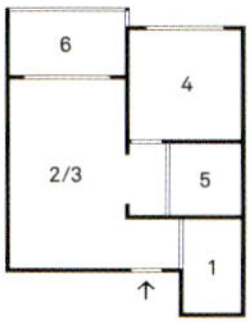

年份
2009 年
价格（2010 年）
7 300 人民币 / 平方米
面积
42 平方米
离人民广场的距离
1.5 小时 / 公交车和地铁

我们搬迁到这里有四年多。该小区在2005年交房。我们刚搬进来时情绪有些激动，因为非常思念市区熟悉的环境和老邻居。但现在在这里认识很多人，生活得也愉快。这里的住宿条件很好。我们在普陀区的老房子只有10平方米，现已拆除。现在的居住面积大约有70平方米。小区内的设施还不多，只有一家小餐馆和一家理发店。出门可以在农场买到蔬菜。到家乐福、易初莲花和沃尔玛的免费巴士每小时一班，并经过周边各个小区。市区的老房子离这里约14公里。小区有停车库，但是我们还没有车。我们的儿子每天骑电动车去市里上班，他是一家眼镜店的技师。幸运的是附近的地铁正在兴建。我曾在一家国有电子工厂当技术员。我的丈夫曾坐办公室。最近，我们已退休，业余时间炒股。同时，我也在小区居民委员会工作。

一个工人家庭（嘉定新城）

A labourer's family in Jiading New City

1. 厨房
2. 餐厅
3. 客厅
4. 卧室
5. 浴室
6. 阳台
7. 工作室

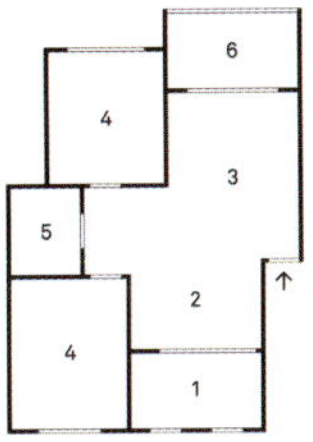

年份
2008 年
价格（2010 年）
11 300 人民币 / 平方米
面积
70 平方米
离人民广场的距离
1 小时 / 摩托车

天行健君子以自强不息地势坤君子以厚德载物

ZIPPO

三个月前，我的父母搬迁到这里。他们的老房子在普陀区（上海火车西站附近），现已拆除。我女儿的房子也拆了，他们现在和刚出生的孩子住在对面公寓里。我和我的丈夫仍住在普陀以前买的商品房里。我曾在一家油墨厂工作。现在，每天在家照顾父母和孙子。女婿工作，女儿在家照顾孩子。两个房子装修刚完成。角落里的旧柜子是我们从普陀带来的唯一一件东西。有些邻居在这里暂时租房，他们的老房子不会被拆毁，但暂时在翻修。这里的许多房屋仍空着，因为没有任何设施，所以很多人不愿搬进来。由于被拆毁的房屋，我们拿到些补偿金，但其实还不够。我们现在平均每人有 13 平方米，还有私人浴室。和以前 4 平方米相比，现在是大有改善。最近我女儿家里也买了车，进出有车就方便了。

（嘉定新城）

A workers' family in Jiading New City

1. 厨房
2. 餐厅
3. 客厅
4. 卧室
5. 浴室
6. 阳台
7. 工作室

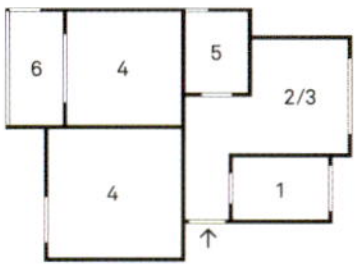

年份
2007 年
价格（2010 年）
10 600 人民币 / 平方米
面积
48 平方米
离人民广场的距离
驾车 45 分钟 / 摩托车 1 小时

50L
A.O.Smith

Kappa

追寻社区和身份
Searching for Community and Identity

哈利 · 邓 · 哈托格
Harry den Hartog

1 中国社会带有边界的空间组织，就其传统可追述至孔夫子时期。大卫·布雷（David Bray），《中国的社会空间和治理：单位系统从产生到改革》，斯坦福大学出版社，2005。

2 卢端芳，《重塑中国城市：现代性、稀缺与空间1949—2005》，2006。

3 据统计中国城市的人口达 1.4 亿。

创建新的宜居环境是一个漫长而艰难的过程。大规模移民的涌入和大批雷同新住宅的迅速建造，往往导致身份缺失和社会凝聚力薄弱的境况。熟悉的城市结构和古老的传统伴随着生活方式的蜕变而消失殆尽。中国应如何把新城和新镇建设成适宜而愉悦的居住地，让每个人都会有家的感觉？而新市民们又有怎样的居住需求呢？

1949 年中国推出了单位制。“单位”的字面意思是“工作单位”。单位是国有单位的一种协调方式，即所有成员同舟共济，共同生活和工作。空间主要转化为在工作的农场或工厂旁边的标准化宿舍“小区”。单位是属于政府的。单位制度作为空间和社会秩序的系统，用来组织社会生活。[1] 所有的社会活动和日常生活用品按照单位分配，由政府指定的城市社区居委会或农村村民委员会执行。这些自治组织维护居民权益、确保公众秩序和安全、组织活动并促进团结。该委员会还协助政府职能如居民住房、就学、工作、培训、入党和医疗保健、食品建议、计划生育和青年工作等所有任务。总之，单位确定人在社会主义社会内部的生活和身份。1978 年约 95% 的人口都有单位。[2]

由计划经济过渡到市场经济促使单位制走向终结。由于行政权力下放的结果，现在属于单位供职人数比例比以前低得多。今天，改革后的单位制已不再向雇员分配住宅。

工作和生活的分离

1958 年起，政府采用户口登记制度作为用来控制人口流动的行政手段，并与单位制相配套。每个人都有一个经登记的出生地户口，由此享有医疗、教育等，如果搬家就会丧失这些权利。城市和农村户口是有区别的，城市户口更吃香，主因是城市比农村提供了更好的教育和医疗服务设施，从而导致了城市和农村相互分离。从这一点上看，上海郊区的新建设应是一个折中的解决方法。户口主要通过小区（或单位）居住地来管理，自 1978 年，许多单位倒闭，员工下岗。同时，城市也利用“城市户口”来控制相对高薪的职位和新机会。其结果是导致了快速增长的“流动人口”群。而现今城市农民工的巨大数字[3] 也表明户口系统的衰亡。2009 年年底，国家发展和改革委员会（NDRC）建议改革户口制度的计划，深层考虑到对城市化更进一步的激励，使得农民工（特别是男性）可以带妻子和孩子到城市生活。国家发展和改革委员会认为：“更多的城市消费者对经济是有好处的。”

因此，工作和生活之间的空间关系正在迅速消失。同时，邻里社会的地位、背景的生活结构变得越来越复杂，人口流动性也越来越大。市政府在新城镇的发展原则上设定新城镇居民在当地工业区工作，实际情况却有所不同。每天，成千上万的摩托车或汽车在道路上通勤，有时甚至从新城镇到中心城市通勤。尽管在公共交通上已有巨大的投资，许多新的城镇郊区和市区的公共交通还是相对困难。

集体主义和管理

虽然单位制正在消失，但是“小区”和居委会（村委会）经调整后继续存在。生活和工作已不在同一个空间单位，但当地居民仍然共享设施，包括健身房、托儿所或洗衣房。新小区的居民数量各有不同，但绝不会超过数千居民。它们通常由高层建筑、高层住宅和（或）别墅群组成，也可以是一幢单一的居住塔楼。以地理区域为基础的社会群体，具有共同的意识和生活方式，居民之间有较密

1

2

1,2
街道作为生活或工作空间的延伸

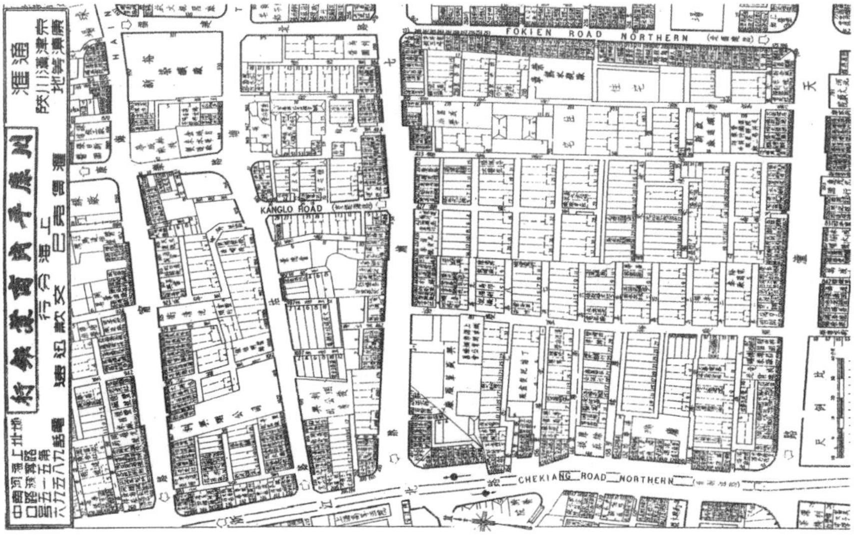

3

4

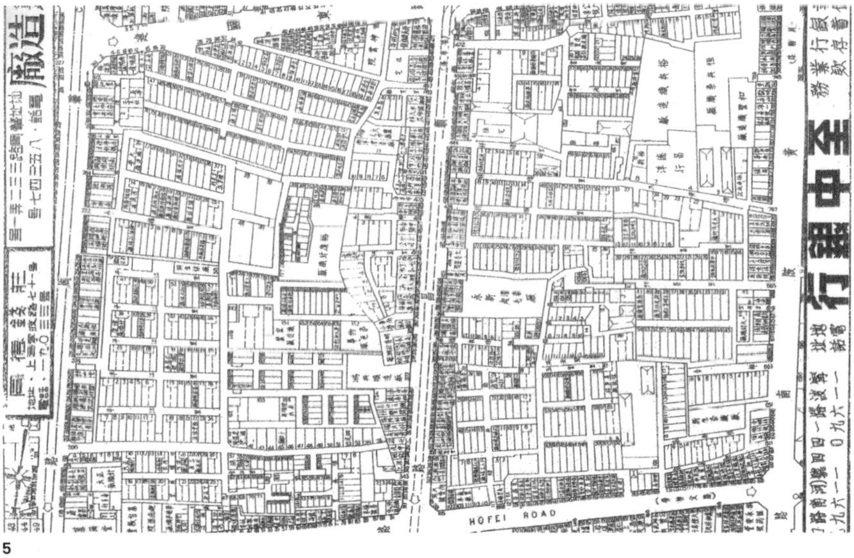

5

3-5
老上海的城市结构：活跃而功能混合的街道

4 更精确：约 34% 中产阶级和 4% 上层。自从 1979 年以来，这个比例已翻倍。（来源 / 刘欣教授，上海复旦大学社会学系主任。

5 马克·伦纳德（Mark Leonard），《中国怎么想》，Fourth Estate 出版社，伦敦，2008。

切的交往等特征。社区存在于城市区域，可包含一个或多个小区。社区是公民参与的社会机构。社区模型代表国家和城市共同体之间关系重组的尝试。随着单位等社会机构的减少，社区本应激励居民参与和自主管理，以减轻国家的责任。20 世纪 90 年代，为了重组城市住宅社区，中国掀起了中产阶层“社区建设”运动。城市更趋向于类似村庄式的集合，新的住宅小区由街道委员会管理其行政事务和活动，例如组织太极晨练等，以促进团结。工作人员除了由政府支付薪酬的人员外，还有志愿者等，共同进行户外空间管理等。每三年居民会将选举新居委会成员。

政府将权力下放，意图鼓励自力更生。越来越多的小区开始从事一定范围内的商业活动；居委会的志愿者们管理着小区内的户外空间。在纯商业性开发的小区，成立了业主委员会规范管理和维护小区。建筑物的户外公共区维修、清洁服务、安全和维护越来越多地外包给物业管理公司，特别是价格昂贵的街区。

社会结构的转变

改革开放 30 年以来，中国的社会结构发生了巨大的变化。在过去的时代，一个人的职业决定了他或她的身份，包括工人、农民和知识分子。干部和政府机构制定规则和决定资产分配。如今，市场参与分配许多资产。财产合法化和企业的私有化成就了一个不断扩大的群体：私营企业家和私营业主。这个新的中产阶层在今天的上海工作人口构成中占有很大份额。现在，雇佣工人是合法的，多数农村户口的农民工可以在城市里找工作，劳动力已经变得极具流动性。在原来的计划经济体制下，他们是不可能改变身份或地位，也不能成为其他阶层的人。今天，有了市场竞争，就创造了就业机会，新的经济和文化精英得以涌现并与国家政府精英并存。1979 年，近 90% 的人口属于工人和农民阶层，今天，中心城市的街道随处可见穿着时尚的新中产阶层，而他们的比例已占有人口总数的 30%[4]。上海的社会结构与发达国家的社会结构越趋接近。据一些中国专家预测，中国的中产阶层将继续增长并将发挥主导作用。中国将看到越来越多的民主机制，并从一个面向生产的“温饱”社会过渡到面向消费和舒适的“小康”社会[5]。

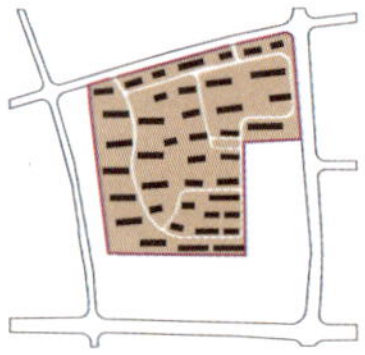

6

6
新式小区被私有化。围墙和栅栏强化了家园和身份感

开放还是隔离城市？

中国城市扩张的标准方法是通过超级街区（Super Blocks）手段来完成的，大尺度的空间单位往往类似于小区。这些超级街区绝大多数通过增加基础设施或用自然边界如水、街道等来隔绝。超级街区可以或多或少的自主独立运作，而内部缺少联系，缺乏城市化。因此，新中国的城市可以理解为自主“村落”。这些主要问题可在公私区域的边界地带找到，如，滑稽的装饰围栏和宽大的渠道越来越把新城市割裂成支离破碎的景观。这些发展现象与错综复杂的中国传统城市形成对比。类似于美国城市，新中国采用的建造规模直接考虑了汽车的使用，虽然绝大多人口仍局限于使用摩托车，没有汽车。新的基础设施的设计保留了空间，预留未来增长的可能。由于有许多限制，从家到商店或其他设施的步行距离非常大，更多的公共空间被一再减少到单一功能的交通面积，大大影响到交通和无障碍设施。越来越大尺度和大规模的机动车交通，限制了公共生活，人逐渐被封闭在小区或商场围成的区域内。其结果是支离破碎的城市结构，增加了社会隔离，导致未注册的流动人口被拒之门外。

7

7
正在消逝的中心城街道生活（摄影 / 孟嘉明）

8,9
带有厨房和洗衣设施的胡同（摄影 / 孟嘉明）

10,11
市中心老街上的商贸和社区（摄影 / 孟嘉明）

8

10

11

9

6 鲍存彪（Choon-Piew Pow），《保留“文明”飞地：在（后）社会主义上海的封闭社区和道德地域的排斥》，城市研究，2007：44 期，第 8 章，2007。

7 绝大多数的改建可在低收入的社区中找到。公共绿地用于园艺，许多新房被改造为商业活动空间，如小商店、理发店、小饭店或维修厂，即使在较高的楼层。这些改建使新社区更显丰富多彩。

增长的隔离

新城市和新城镇常常远离中心城市，其主要功能是安置民工和旧城区的搬迁居民，以及重新安置由于土地征用而失去土地的农民。许多人尽管获得了物质和经济补偿，但失去了他们原有的社会网络而生活困难重重。中心城形成了新的精英阶层，同时郊区和农村增加了大量豪华住宅。在这里生活的新中产阶层，往往拥有两套或三套房子。此外，一城九镇发展计划大部分的发展重点是针对上层人口。

自 1990 年以来，中心城市人均居住空间已增加一倍多。入住豪华住宅的新中产阶层不再使用煤球做饭，不必与邻居共享管道。内部的豪华装饰伴随着传统街道生活的消逝而不断更换，取而代之的是小区作为城市形态的飞地而日趋重要。对部分政府责任的回避和对新获取的财产被农民工所占有的恐惧，将上海部分转化为巨大的集体飞地，恰恰让人回想起外国租界。

新型小区普遍内向化，空间用栅栏、墙壁或茂密的植被组合围隔。虽然中国可能是世界上最安全的国家，新中产阶层却仍然想利用坚固的围墙来保护自己，并用私人保安和警卫代替社会安全管控。新中产阶层害怕丢失自己的豪华物品，窗户和门往往都配备重锁和栅栏。使用这种空间手段，是因为需要社会区分，并恐惧廉价劳动力的大量涌入。这种恐惧是如此之大，有时甚至把高楼也装上防护栅栏。与此同时，贫穷者被迫居住在较偏远地区的低价房屋里。过去，中国按照户口登记区别“农业”和“非农业”居民，而今天则变成“当地人”和“外地人”的差别。

户口制度越来越多地与收入水平相联系，反映在小区的空间增长和社会隔离中。城市化作为一种“文明”的形式强化了“城市”和“农村”的区别。[6]新中产阶层向往正规，希望脱颖而出并显示修养。“邻居可以在他们的花园里养狗，但是养鸡养鸭就有些另类。”有一个居民解释说。由于市中心禁止各种日常活动，且房地产价格扶摇直上，绝大多数民工只能在郊区和新镇，甚至在边远村庄和农村附近的农舍寻觅居所。因为无法找到住所，他们“暂时”挤在建筑工地、荒弃的建筑、地下室等。政策的目的应该是改善所有人的生活条件，但是，20 世纪 80 年代初邓小平说，“让一部分人和地区先富起来”。贫富差距到了令人震惊的程度。虽然农民工在城市经济运行中起到重要作用，但是当他们不再被需要时会被无情地驱逐出城市，特别是中国新年后的“民工流”。

值得一提的是，大部分为上海新城镇作设计的西方办事处声称，他们的客户没有事前提及任何特定的目标群体或住房类型。最初的设计是为不同收入群体提供的，而且没有大门和障碍物的要求。即便如此，事实从一开始就非常清楚——只有新兴中上阶层能买得起他们所设计的房子。

12

13

14

12
类似安亭新镇的主题式小区被设计为开放和易出入的小区。障碍物的设置显然并非“欧式”

13,14
边界森严的小区

小区与城市化

为中上阶层服务的高档社区，要自由进入是不可能的，它是一个公共和私人空间之间的过渡结构。传统上，中国公共街道是居住或工作区的扩展。由于居住面积小，居民在过道和胡同一起吃饭、晾晒衣物、工作和活动。这种丰富多彩的生活似乎是被转移到半开放空间，并不受交通干扰。城市化问题越来越依赖小区自身和“大型街区”的街道边缘来解决，商业店铺的开发通常通过小区物业来管理。小区内的商店和服务正越来越多地与小区外的人共享，这种情况通常发生在非正式的原则下——每个居民的住址可自主注册开业。[7]这似乎可以用巧妙的方法，把小区作为一种基础，制造愉快而开放的城市环境。这在房

15

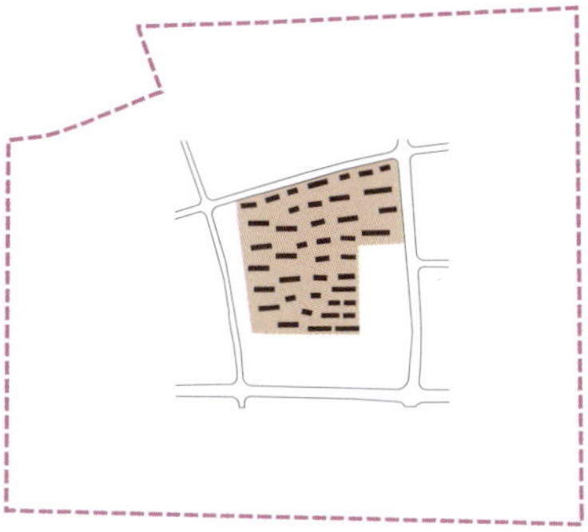

16

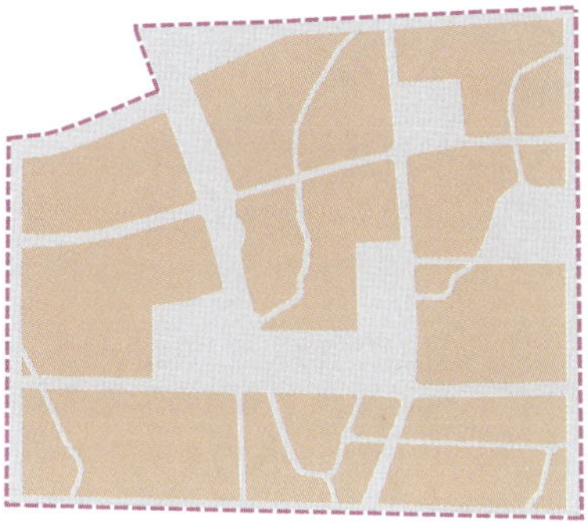

17

18

小区 / 新城市基因

15
半私有开发商出售土地给一个或多个私人开发商

16
土地被开发，该样板小区有 1 806 套公寓，总占地面积 125 000 平方米，密度约 14 400 户 / 平方公里

17 小区内的户外空间由居委会或物业公司维护，半私有开发商（代表政府）负责公共道路，公园和水的开发和维护

18
每个小区犹如“城中村”，一个或多个小区形成“社区”

由半私有开发商（代表政府）维护

由居委会或物业公司维护

小区入口

8 参考本书藤田麻里（Mari Fujita）所写文章。

9 加蒂范杜森布罗克，《柏林运河：在黄金时代的荷兰建设者》，2006。

10 新荷兰（1614—1674年），今天的纽约州。

11 纪梭马布巴尼（Kishore Mahbubani），《新亚洲：权力东移势不可挡》，纽约，2008。

地产业界以半私有开发商和地方政府部门为主的领导下还未见成效。如果设计师、开发商、使用者和决策者共同寻求新的机会，那么把城市建设为“更好的城市”和“更好的生活”的机会就会更大。

虽然“群岛”似的小区在本质上不能促进城市凝聚力，但是小区本身的存在却是创造社区身份的一种手段。虽然单位身份的消逝而更易遭受潜在的威胁，新房地产开发与公共设施建设显示出强劲的发展趋势，新设施包括公共户外空间、商店和创意设施等。建筑主题的附加值加强了社区空间的共享身份或共同的故事。[8] 宽沟或栅栏使“梦想之岛”更趋完整。在这个“乡村式”的新城，大大小小的实体由于这个新集体与来自各地的人们更容易的建立起新的社会关系。

后现代形式作为新阶层的表现

反映出一种对社会的急剧变化和发展空间的疏离感，开发商越来越多地选择建筑主题来尝试创立一个新的身份。尤其是较昂贵的区域允许用一种特定身份来衡量。经过一段时间的封闭，许多中国人虽然从来没有到过西方国家，但却把西方世界看作完美之地。甚至在语言的表达上都在模仿西方。这与全球化、安全和财富相关联。

一城九镇发展规划主题领域的房屋普遍销售得很快。据房产经纪人介绍，经常会发生几天之内用一次性现金偿付的方式购买新公寓的现象。在长江三角洲的其他地方可以找到诸如“意大利别墅”和“威尼斯水城”的新市镇、“小巴黎”和“苏黎世”也层出不穷。如同汽车往往涉及“西方”概念的生活状况，新中国的中产阶层上层为了身份而相继购买这些房屋。有些人甚至相信，西方式代表安全的投资，他们购买的不仅是房子也是一种生活方式。

一城九镇发展规划的专题领域起到一种“广告牌”和“细菌”蔓延的效果。他们作为一个营销工具吸引了第一批定居者，产生几千户居民战略性的积聚。同时，市政府以此为出发点树立国际形象，并吸引外国投资公司。这些“细菌”将城市由数十万居民发展为甚至上百万居民！以极快的速度，像一个印章，在土地上对周边其他城市创造奇迹——在短短的 3 ~ 5 个月的时间内，设计整个城市（比本书的生产时间更短）。执行速度也是空前的。为 0.75 万人口提供居住地的松江新城在短短三年里建成！可见，在这里，雄心高涨，建造信念异常坚定。

为什么恰恰在这里，在这个后殖民时代，选择（重新）进口西方城市模型？这个城市在追求什么样的城市景观？他们在寻找一个与世界接轨的衔接口，还是别有他图呢？

一些西方评论家常误导自主殖民化（Auto-colonization），但人们看重历史和传统也并不令人惊奇。在 17 世纪，长达 30 年的战争（1648 年）[9] 结束之即，荷兰的设计师和工程师为柏林勃兰登堡桥（Brandenburg）的重建作出了重要贡献。库哈斯称同一时期曼哈顿化（Manhattisme）的基础是新阿姆斯特丹（NewAmsterdam），[10] 因为欧洲城市乌托邦在新的世界项目化。在这两个例子中老荷兰（Oudhollandse）的堤坝和运河都被复制。这种运河房屋的传统部分是借用了意大利和其他国家的经典，这些都旨在创造一个身份或地位。因此，中国的新家园和上海周边城市也象征了一个新的（后）现代身份的追寻。

中国的摹写是非常著名的。这种中国式“拷贝”是掺入自我喜好和背景的，因为“不是所有来自西方世界的东西都是理想的例子。”[11] 泰晤士小镇、罗店新镇和高桥新镇的实践为人们提供惊叹的图像，但不能直接为实际问题提供有

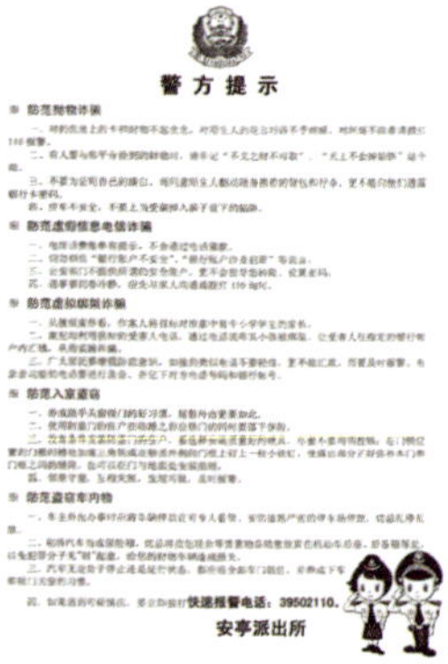

19

20

21

19
派出所的安全通知

20
小区社区中心的安全通知

21
小区门口的信息栏

23

22
浦东新区，某普通小区的入口（市中心部分），由于无门卫，出入很方便

23
临港新城某普通小区入口

24
南桥新城某豪华小区入口

25
浦江新镇某豪华小区入口，该小区防卫甚严，不对公众开放

26
普通小区的入口，由于门卫，出入很容易

22

24

26

25

公共空间的日常使用

12 OMA 建筑事务所，雷姆库哈斯和布鲁斯毛，《小、中、大、特大》，鹿特丹，1996。

13 采访了约 200 个家庭。

用的答案。库哈斯曾经说过，通用的后现代主义城市就如电影的场景。[12] 上面提及的三个新城的状况就如电影场景。问题是，是否有必要用专业或者婚纱摄影行业来代替。单纯地重复似乎并不理想。但这种现象正在迅速传播。在上海一些地方和周边地区都已出现类似的概念，有时甚至还进行功能的改善。

鸦片战争后，位于中心城的外国租界以买办的风格建成——一种殖民地式和地方特色的混合物。第二次世界大战结束，外国人离开后，这些租界地被立刻转化为中国街区。最近增建的西式建筑充满了中国特色并结合中国的标准，虽然居民尚未完全入住，但是非常受欢迎。与此同时，婚礼行业欣欣向荣，当然一个童话般的婚礼是大多数人梦寐以求的。因此也可以认为该主题区在品牌方面的确取得了成功。

居民访谈 [13]

绝大多数西式新城镇的居民主要是郊区通勤者，而上海周边的新城却接纳了多样的群体，他们来自五湖四海，具有不同的生活水平和方式。两个最大的群体是外省农民工和市政府直接安置的拆迁户。这些拆迁户进一步可分为上海市区拆迁户和当地因新城、工业和基建建设而被征用土地的农村安置户。

另外，还有新中产阶层，一个相对小却有能力在新区购买豪华公寓和别墅群体。最后这个群体，往往拥有第二或者第三套房子，作为未来投资或者周末度假之用，这些房子有些出租，但绝大多数处于空置状态。部分新中产阶层选择在新居所长期居住，从而逃避拥堵，享受城市规划的平静、宽敞、绿化、蓝天和宽广的地面空间。“你可以在外面听见鸟儿在叫，”一名当地居民说：“蓝天白云，空气很好。”

大多数家庭成员都超过三人。根据传统，在中国两代人共居非常普遍。这意味着，如果孩子的父母双方都工作，祖父母可以照顾孩子。另外一个好处是，使共同购买昂贵的房子成为可能。这与中心城居住人数减少，年轻人、外籍人士和“丁克”家庭越来越多的现状相反。

居民的组合根据不同的地点而各异。新精英们绝大多数生活在别墅区、复式豪华公寓和由西方设计的主题区域。移民和安置的当地居民居住在大而密的普通小区。通过与居民的谈话中可以了解到，建筑设计并非是搬迁的动力。在所有被采访的家庭中，搬迁住宅的建筑设计是大众化的，绝大多数人只要求几平方米的额外面积。但人们总是对建筑质量有抱怨，包括裂缝、不防潮和薄墙隔音差等问题。抱怨在昂贵的居住区反而更多些，因为贵，当然期望更好的质量，特别是一些被市场所关注国际项目。许多居民似乎觉得外国建筑师对此应负责。除了对质量的投诉外，不管是在昂贵或者便宜的小区，对公用设施和公共交通的缺乏也往往怨声载道。尽管不完美，大多数居民并不后悔买房，并希望继续在当地长期生活。虽然他们有时会思念老邻居，但仍非常满意物质方面的改善，大多数人表示暂时不愿搬家。只有在豪华的罗店新镇，有些居民希望再搬家，可能是因为经济实力很强，认为有机会购买更好的住房。过去几年中，大多数地区的房屋价格暴涨，现价比原始购买价格要高出很多倍。

豪华区、主题化区域和平民化区域之间有明显区别

在豪华区，西式风格被引入，生活环境的改善，居住面积扩大，天空更蓝也更清洁是最重要的购买动机。有些人也由于工作原因而居住在当地。住在主题小区的居民普遍具有较高的教育程度，或在政府机构工作，或有自己的企业。

27

28

29

27-29
新城镇繁华的商业带

30

31

33

34

32

30
中国的中国城（嘉定老城）

31
高楼耸立下的主题式商业街

32
家乐福超市前的社区活动

33,34
延伸的街道

几乎所有家庭拥有一辆车，因为绝大多数区域没有公共交通。在受调查的居民中，约三分之一对建筑设计的外观抱有积极的态度，不过，那不是最重要的，因为建筑外形并不是来此居住的理由。超过一半的居民对建筑设计的内部有意见，只有三分之一的居民对建筑结构的质量表示满意。一般看来，建筑质量对居民并不是一个大问题。在主题小区，大约三分之一被采访的家庭不长住在当地，实际比例也许会更高些，因为有些受访户看似没有人在此居住。令人诧异的是，极其昂贵的罗店事实上却有很多家庭长期居住。也有许多来自其他亚洲国家的外籍人士居住在主题小区。

平民化新小区一般有更为复杂的混合人口构成。不同职业、背景和搬家动机的人居住在同一个街区（区别于以前的小区）。移民安置和工作是去那里居住的重要原因。当地仍有许多私人建造的住房，是许多农民为了提高生活质量或为了孩子的将来进行的物业投资。由于每平方米房价持续上涨，人们尽一切所能负担房子，无暇顾及结构或者美学。同样，房屋外观设计不构成购房的动机，对结构性问题的抱怨似乎也相对较少，居民都很满意小区的户型设计。但实惠商店、运动娱乐场所还是短缺，有些人认为超市商品偏贵。与西式小区相比，拥有汽车的家庭相对少得多，通常是以电动车或自行车作为交通工具。公共交通工具使用率较高，尤其在城桥、枫泾和临港的一些地方，现在并没有地铁和便捷的公交汽车网络。当地有相对多的低文化、低收入和没有能力买车的居民，但这些地区的邻居相互联系率却高得多。

所有受访的居民毫无例外地赞同房屋朝南是必要的，因为传统、光线和晒干衣物的需要。几乎每个人都对建筑密度很满意，有些甚至建议可以更密些或更城市化。绝大多数人认为购买一套以上的房产是非常明智的，因为房价每天在涨。投机也被认识到是个问题，地产代理称之为一个必经阶段，是每一个国家都必须经历的。

35

36

35
中国几乎所有住宅都朝南（城桥）

36
中国几乎所有住宅都朝南（上海国际汽车城）

蔓延的大都会，失去控制？

The Sprawling Metropolis, Out of Control?

哈利·邓·哈托格
Harry den Hartog

欲速则不达。
——中国谚语

20 世纪后期，由于飞速城市化和新城市的激增，一些大城市群已然成型，特别是在三角洲地区。上海中心城与老郊区城镇存在巨大的贫富差距，有如“第一世界”和“第三世界”。在 2001 年，政府把新一代新城视为工业化“二级城市”，借此缩短城乡差距和“未来发展的引擎”，希望为农村发展再次提供经济支持。郑时龄[1]称之为“第三条道路”：“既非城市亦非农村”。拥堵现状一步步地扩散开来，周边农村急速变为一个带有老镇、新镇、娱乐中心和大规模工业核心的“多中心的城市领域”[2]。

作为新模式的整合全球都市区域[3]

新模式的“整合全球都市区域”被看作可以加强新农村建设，实现“现代农业”和“郊区旅游”的互补网络。新城市的第一印象是其区域支离破碎。设施的质量、数量以及日常用品（罗列在商店里的产品）如同在 1959 年建造的第一代分散型新城（闵行、吴泾、安亭、嘉定、松江、金山、吴淞和宝山），虽比中心城市差，但远远好于周围乡村。确实，从这个角度来看，这些新核心是联系城市和农村的桥梁。但是，最近的分散型新城镇，原本旨在整合城乡，却无法承受发展的压力。在西部，特别是围绕嘉定城区，不同城市中心融合成一个支离破碎的城市景观，充满着没有任何连系的紧凑型住宅群和工业园区，相互之间由重工业设施和残余的农业地带分割，城乡一体化的追求在这里失败了。如果这种现状得不到改变，十年内，上海直辖市面积的四分之三将会千篇一律地城市化。

虽然紧凑新镇和新城战略从理论上说意在停止城市蔓延，但是长江三角洲肥沃的农田还是受到每年面积巨大的新建开发项目的威胁。未来开发项目的预测令人非常不安。今天，上海迅猛的发展态势越来越混乱。这是几乎没有政府管控的或是缺乏监管（特别是在基层）的城市规划造成的后果。

此外，区域合作存在严重不足。原因之一似乎在于缺乏一个集中的决策过程。地方政府在规划执行中具有非常重要的影响，这使得在地方层面就总体政策进行协调变得困难，还包括地方政府和开发商之间的利益冲突。此外，每个部门似乎都在各自为政。更大的经济自由度和国家的权力下放，[4]产生的土地使用成本低、可转让，并可分块（按小区）快速发展，也造成了高层建筑和度假村的区块结构出现得既无难度也无空间凝聚力。许多脆弱的景观和历史街区成为这些开发项目的牺牲品。幸运的是，上海市以往分立的“土地管理局”和“规划局”在 2008 年合并。希望这会导致更多紧密整合的合作，以防止农村进一步的空间和功能分散。

另一个存在的问题是五年计划的短视。例如，1986 年总体规划提议在城市周围建立生态绿化带，但几年后被现在的开发项目给淘汰了。本来被规划为农业和水果种植区域，以及用来分隔工业区和开发区的公园等好建议都未实现。中国似乎让自己没有足够的时间探索新的可能性。东滩生态城项目和一城九镇发展计划都是在极短的时间之内规划，并在实施阶段就陷于停滞。东滩生态城项目曾有可能引领世界潮流。但是，随着新隧道桥的开通，第一批豪华度假村已经出现，可为特定人群提供度假屋或者物业投资，但就可持续发展而言无甚价值。与西方世界一样，经济利益似乎比健康的生活环境更为重要，即使中国政府在 2005 年一再倡导“和谐社会”和“社会主义新农村”。[5]

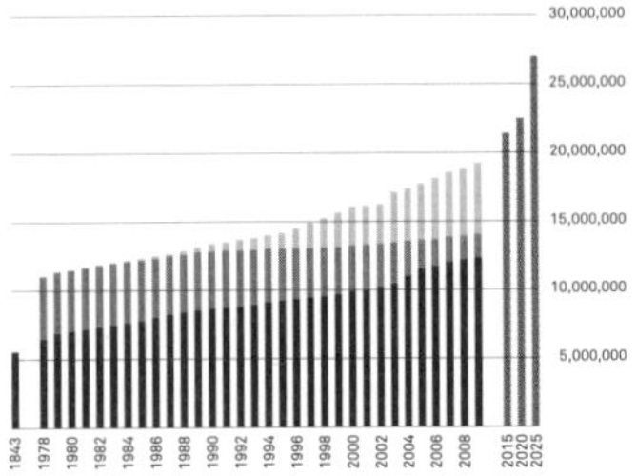

1

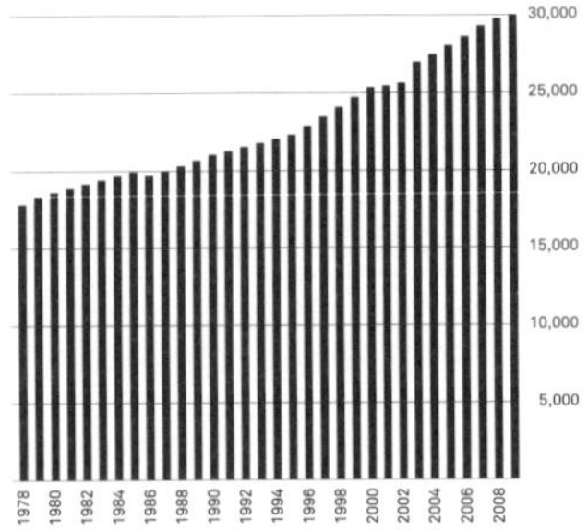

2

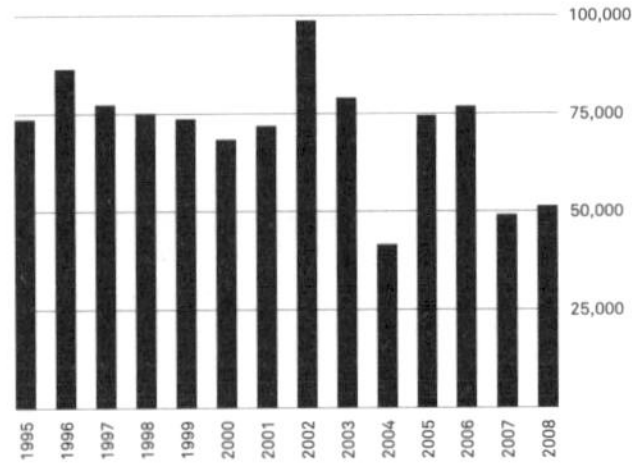

3

1
自 1978 年以来的人口增长：有城市户口的市民（黑色）/ 未登记流动人口（深灰色）/ 未登记流动人口（淡灰色）（来源 / 上海统计局，2009）

2
上海城市密度增长（人 / 平方公里），即使迁移众多市区居民。（来源 / 上海统计局，2009）

3
拆迁户数 / 居民住宅（来源 / 市房屋土地资源管理局）

1 参考哈利·邓·哈托格对郑时龄的采访，荷兰《建筑师杂志》，2006，5。

2 约翰·弗里德曼，《中国的城市变迁》，明尼苏达大学出版社，明尼阿波利斯，2008。

3 参考“农村城市化”一章。

4 地方分权被作为经济策略用于提高土地价值并为发展创造空间。

5 “社会主义新农村”是国家经济和社会发展第 11 个五年计划（2006 年 10 月）最初目标之一，旨在提高生活标准和缩小蓬勃发展的城市和农村之间的差距。

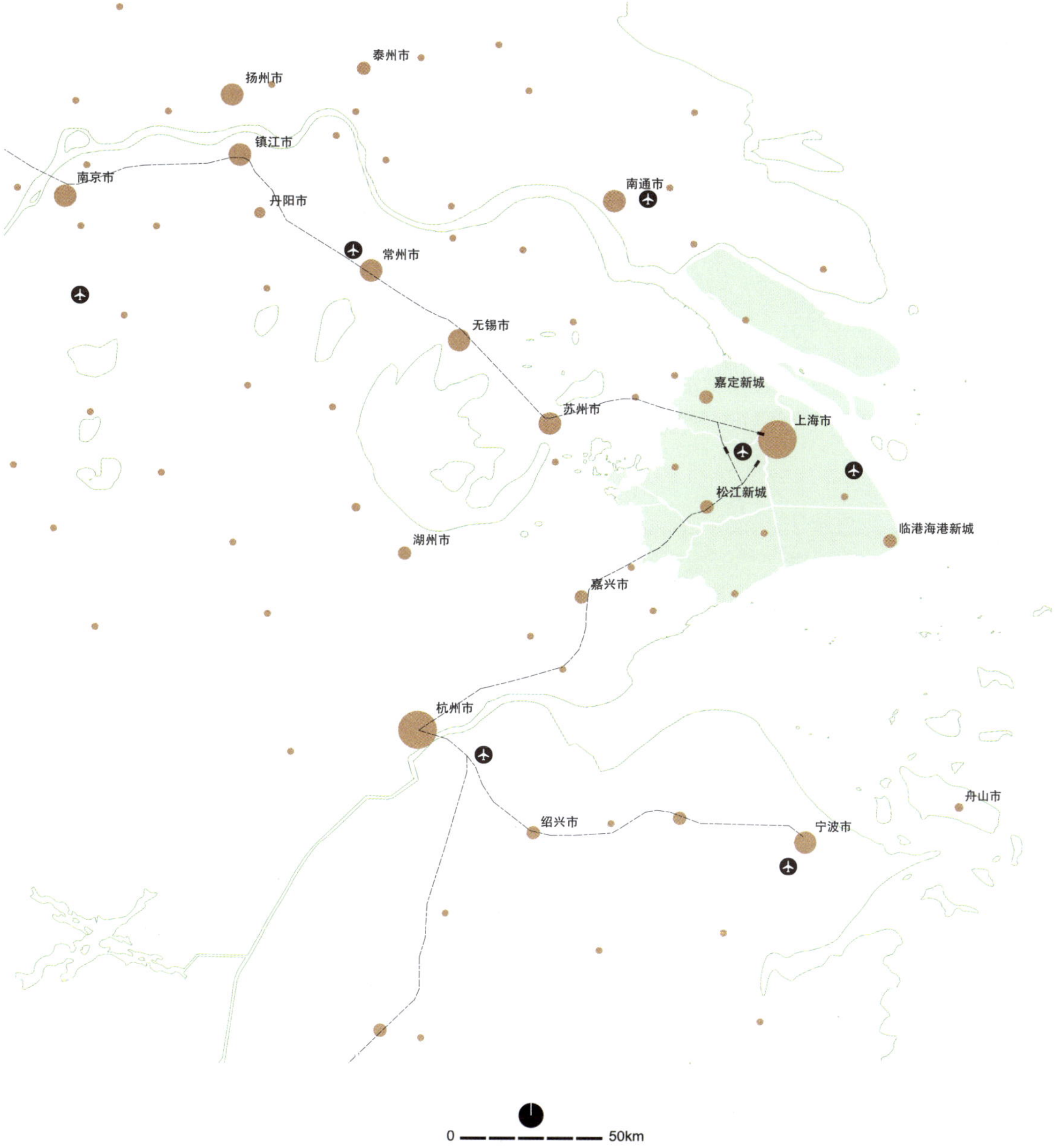

4

4

长江三角洲有 900 多万居民。绝大多数人生活在 2 万～ 10 万人口的小城镇和村庄。上海位于长江三角洲的中心位置：3 小时内可达 55 个城市和 1 446 个小镇。该三角洲是中国 GDP 收入的主要经济群。

> 500 万居民

> 100 万居民

> 50 万居民

> 10 万居民

----- 中国高速铁路

新城市领域——框架

万科金
色城市
6893
0808

MACALLINE

6 瓦尔特·克里斯塔勒：德国南部中心地原理，1933。

7 当政府回收权力，小区和社区被作为一个强大团体的连贯集合而成为组成城市的基本成分。

8 麦肯锡公司有关中国城市发展潜力分析，2008年3月。

9 日承运量在1999年平均达到356万人，2010年4月2日达到560万人（来源：上海地铁官方网站）。

10《时代建筑》，2009，6，同济大学，上海。

城市化新形式的可能性

1979 年以来的城市性已成为理想化的代名词，但目前似乎有所逆转。作为“社会主义新农村”政策的一部分，重点正向作为经济增长引擎的小型和中型（新）城镇转移。政府下放权力是为了减少大城市的霸权优势，然而，大规模的高密度住房结合有效的公共交通，必然可为大量新市民提供庇护所。而另一方面，上海在城市场域中的“中心区分散”使生产、分配、消费和回收的循环距离更短。上海的去中心分散模式初看起来就像是瓦尔特克里斯塔勒（Walter Christaller）[6] 中心地理论的扩大版，但就其内部系统的小区和社区而言是相当不同的。虽然城市结构变得越来越支离破碎，社区原则上发挥了黏固剂的作用[7]。该系统为公民提供自由和责任，同时也提高了内部的社会凝聚力。但相邻小区之间的自然围墙导致了相互交流的问题。上海的新城市领域是一种“分散式集中”的形式，一个紧密网络兼有多个紧凑型分中心，每个分中心在满足日常需要的设施功能上或多或少的可独立运作。上海周边农村自大跃进以来建设了许多工厂，20 世纪 90 年代末越来越多的设施和工业从中心市大规模迁出，新城和新镇变成了强有力的经济中心。这与大多数西方“睡眠”新市镇形成对比。新的中心拥有城市密度和丰富的功能组合，尤其是同西方世界相比。此外，街道家庭组成更多样化。来自不同背景、不同区县和不同收入水平的家庭在同一个街区居住。

上海城市的极度紧凑性与高质量的公共交通形成了绝佳组合。由于“土地资源保护”，上海郊区开发也采取了紧凑的方式。在农村建造高层建筑可使农业用地保留和利润最大化。这导致了城市和农村精彩而超现实的对抗。多亏有了密集的公路网格，城市内的旅程变得非常便捷。不同的中心被设计成一个互补系统。与此同时，这些中心又相互竞争，产生出重大的战略和经济优势。[8] 上海整合了全球都市日益密集的公共交通系统，成为重要的城市范式。与西方城市相反，上海连结新城区的公共交通投资数额高得令人难以置信，也采取了各种手段来控制汽车使用的增多。上海的公共交通网络是细密而有效组织的，在未来十年，其运输能力还会增加一倍。然而，公共交通尚未效益最大化。据一些中国专家和评论家认为，即使是已经令人印象深刻的地铁网络运营能力再翻一番，[9] 也无法为这个飞速发展的城市担保正常的运转和舒适的居住条件。地铁网络高度集中于市中心，在城市边缘则非常稀疏。乘公共交通穿行于两个新市镇之间几乎是不可能的。

上海和其他中国城市相比，最有吸引力之一的地方，是每天有大量新鲜水果和蔬菜的供应。（同世界上其他城市相比）还有些农业区距离市中心相对较近，为城市人口提供新鲜的本地物产。这是一个独特的局面，更需要我们倍加珍惜。今天，许多西方城市寻找“都市农业”的形式，试图恢复城乡之间断开的联系。从唯利是图的开发商手中拯救城市边界内宝贵的农地，上海可就此起到表率作用。整合都市区模式至少为缩短城乡实体距离和保障城市边界内的农业区免于被城市开发侵占而提供了理论可能。

大规模的街区和建筑存在许多不足。伍江认为[10]，中国可以借鉴传统中国城建规划的经验。现代的职能分离导致了广阔的，常常死气沉沉的街区。目前由土地租赁制度的限制效应维持。一个更人性化的尺度，更精密的结构和更多功能组合的，生气勃勃且多功能的社区已势在必行。这将包括较窄的道路，更多的绿化和公共空间，以及更多为日常活动和小规模商业活动设置的场所。

上海直辖市内的多中心城市地区正成为一个有工业区、农业、休闲娱乐和

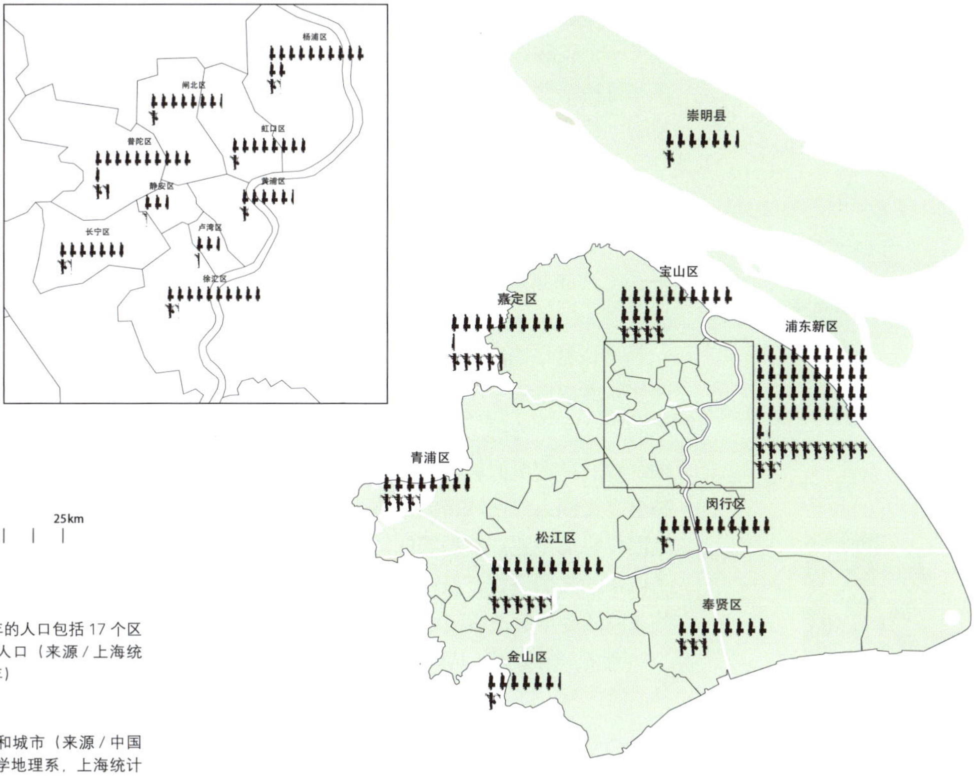

5

上海 2001 年的人口包括 17 个区和 1 个县的人口（来源 / 上海统计局 2009 年）

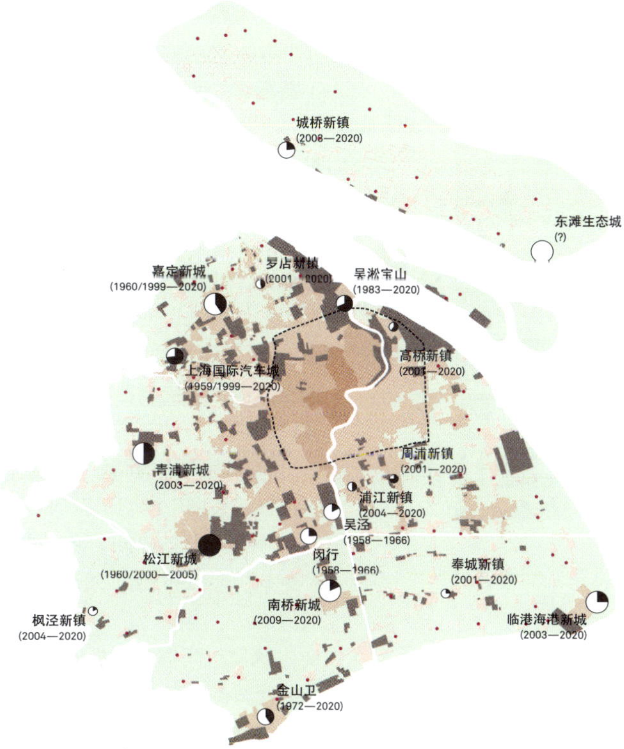

6

建成的新镇和城市（来源 / 中国华东师范大学地理系，上海统计局 2009 年，Shtong.gov.cn）

5

100 000 有城市户口的市民

100 000 未登记流动人口

6

（新）城市人口 50 万～80 万

（新）镇人口 15 万～30 万

（新）镇人口 5 万～15 万

集镇和农场

完成部分

5 000 ～ 10 000 人 / 平方公里

10 000 ～ 20 000 人 / 平方公里

20 000 ～ 35 000 人 / 平方公里

＞35 000 人 / 平方公里

工业

住宅区的均衡空间组合。这些区域都被铁轨和沥青路分割或者连接。这形成了一个既非城市又非景观的支离破碎的都市。由于明显缺乏空间协调，在效率和可持续性方面有待提高。地方和区域两级急需有明确的规划设想和更大的控制。否则，该地区将很快变成一个巨大且匿名的城市补丁而出路难觅。

需求：为数百万人民的城市基础设施和基本卫生设施

城镇规划是通过空间组织来控制和改造社会关系的一种技术。

——大卫·布雷（David Bray）[11]

类似霍华德的花园城市，上海的新城镇是对条件不佳的工业化城市的反映。这些新城镇也是一种社会和政治革命的展现。街区空间仍然按照社会主义原则下的“社区”管理。但是这种诠释和管理日益与“市场”，这个不成文的规则相一致。高密度的新发展创造了很多新的生活空间，却分布不均。价格上涨意味着高比例人口在城市或城市附近找不到负担得起的住房，同时成千上万的豪宅因投机而空置。新城镇的发展似乎本质上变成一个快速赚钱的方式，并催化了城市的文明进程，其中弱势的贫困人民被推向边缘。而未来数年，预计更多的农民还会不断往城市迁移。

新城镇型的农村城市化由约 20 平方公里大小的大型工业综合体的发展支持。第一代“工业区”在 20 世纪 80 年代后期建造，平均不大于 20 公顷。现代主义思想的功能发展被认为更有效，因为它节省了空间和地方主导能源。中心城的污染工业和老“工业区”搬迁到这些新的大型工业区。在新城镇和新村庄定居的农民工在这些重工业工厂工作。“社会主义新农村”的指示是大量分散的农舍将被约 1 000 户的群居点取代，空余土地用于其他目的。同时，中心城会成为服务业的领域，伴随新的中产阶层崛起。中心城变得无法想象的昂贵，而低收入阶层的就业机会又转移到偏远地区。这导致富人和穷人以及城乡之间不断增长的两极分化。

上海直辖市的战略规划正形成等级化最优组合。“内环线”发展以城市为导向的工业和服务；“内环”和“外环”侧重高科技和无污染工业；“外环”以外侧重重污染工业；每个（行政）区以工业园区聚集。

其间，在农村建立的主题新镇越来越被爆炸性的城市增长包围。带着强烈的身份，他们将在蓬勃发展的大都市地区的“城镇领域”中保持其可见度，就像历史悠久的运河城镇、高尔夫球场和游乐园一样，逐渐被城市所吞噬。仅仅十年间，上海周边的农村已从一个成千上万的农民在稻田种植的农业生产景观，转变为中产阶层消费的城市化景观，随处可见中低阶层的空间和支离破碎的遗留农田。

从上海周边的新城镇，我们可以学到什么呢？中国规划者似乎已经从西方新市镇的失误中学到了教训。良好的就业、便利的交通和设施已全部提供。

不到十年的时间，“城市领域”已改变为活跃而人口稠密的聚集地，不时产生与中心城市相似的问题。拥挤的交通在主要路线出口处经常堵塞并制造空气污染。

这里，同样显而易见，急需建立一个新社会，由于速度和庞大的规模，也许比西方新城镇需更少的时间，但更必要。西方的新城镇不仅是为摆脱老城区的拥挤而建造的，也是富裕阶层生活方式的一种体现：可选择性地躲避堵塞。中国的新城镇中新中产阶层数量有限。[12] 绝大多数城镇居民由于没有选择而到

11 大卫·布雷，《中国的社会空间和治理：单位系统从产生到改革》，斯坦福大学出版社，2005。

7

8

9

10

7
石阶上的民工服务广告

8,9
电梯内的民工服务广告

10
松江新城的“空置”豪华公寓里大量租住的外来移民

1 →
2 →
3 →
4 →
5 →
6 →
7 →

12 拥有巨大的土地面积。

13 匡晓明《发展商的最大障碍是蜗居：大众觉醒的信号》，《理想空间》，2005（6）。

14 国际城市主义论坛，新城市问题，代尔夫特大学，2009。

15 1978—2001 年间，上海人均占有建筑面积逐渐从 4．5 平方米上升到 12．5 平方米。2010 年已达到近 18 平方米。（来源 / 上海统计局）。

那里居住，尽管有独立卫生设施和更大的面积，[13] 但并非是自我选择的结果 [14]。

上海总体城市规划控制下的增长被退化为自由放任的政策模型，即对开发商不加引导并任其享受自由。当然，这种模式非常灵活并有利可图，但长远来看也会产生不良后果。光荣的背后可能会增加阶层分化、社会隔离、对立紧张局势和耕地的浪费。根据马努埃尔·卡斯特尔斯（Manuell Castells）的分析，[15] 全球经济和生态危机的解决方案根源还是在于城市。现代中国的主要任务是寻找长远的解决方案：一把经久耐用的伞而不是五把随手可扔的伞。

未来几十年的最大挑战是城乡间不断增长的鸿沟——交通、就业以及健康的环境。根据不同的批评，中国城市设计必须在体制和文化方面自我改革。为了提高空间质量，必须在根本上投资专业监管体系和更好的教育体制，并优化土地租赁制度。

上海市是一个令人非常兴奋的，穷与富、美与丑、干净与肮脏、混乱与秩序、城市与农村的复杂混合体。色彩鲜艳的新市镇丰富了这块调色板。郊区是美国人的发明，而中国模式是在高密度的城市中生活。有远见的中国评论家们非常确定地认为，香港模式比洛杉矶模式更合适中国。其实，任何西方模式都不适合这里，即使密度比绝大多数西方城市要高，但在空间上却变得越来越均匀。要保持农业用地，发展地铁系统，并继续控制这种疯狂的城市发展的态势，空间对比应更大些，密度应更具戏剧性。总之，政府应该在失控的城市增长中肩负起监控的职责，以确保每个人都有充足的住房并保护农村的富饶。

11

12

13

14

11
由于市区过度拥挤和昂贵，许多民工在市区周围的农村定居

12
非城市户口的农民工租赁废弃的农民房

13,14
反差巨大的城市边缘

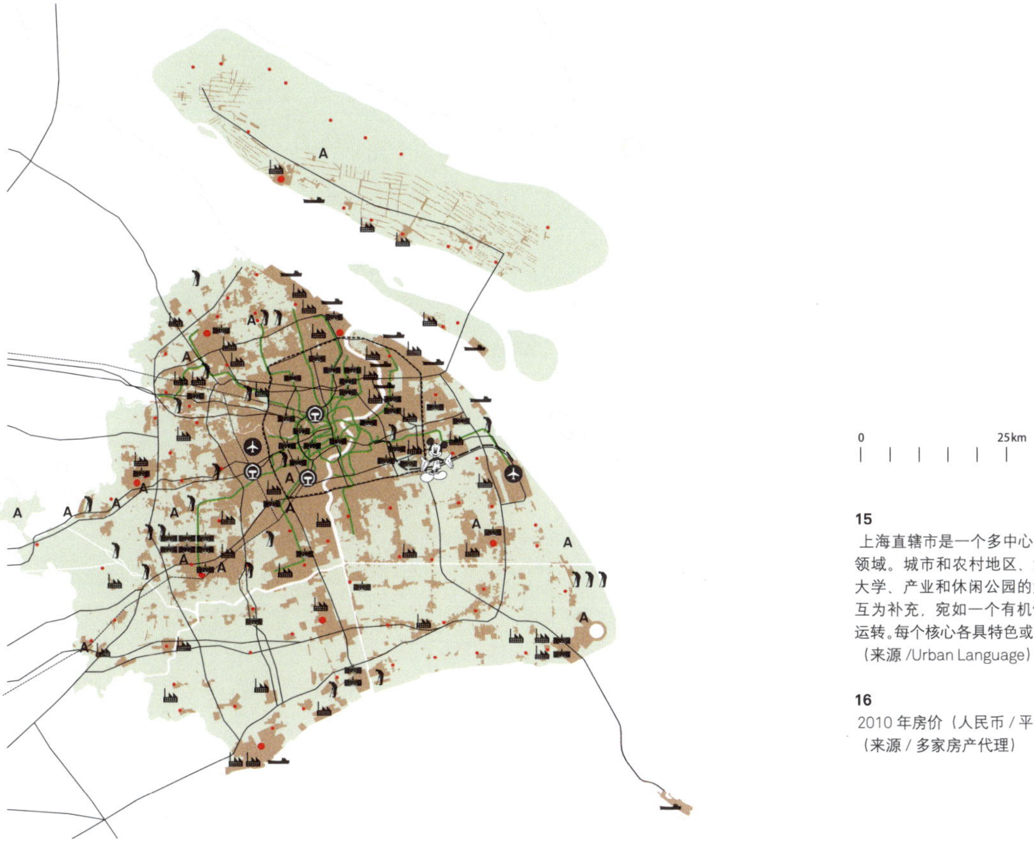

15

15

上海直辖市是一个多中心的城市领域。城市和农村地区、港口、大学、产业和休闲公园的大杂烩互为补充，宛如一个有机体似的运转。每个核心各具特色或身份。（来源 /Urban Language）

16

2010 年房价（人民币 / 平方米）（来源 / 多家房产代理）

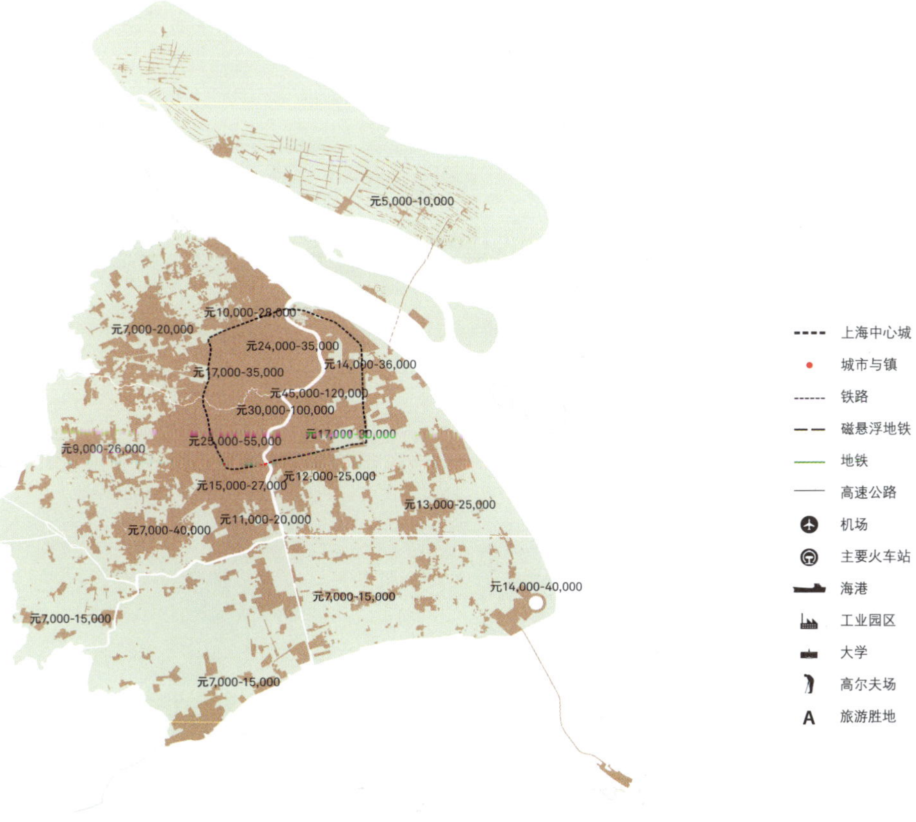

16

新城市领域——失去控制？

注释
Glossary

单位
机关、团体、法人、企业等实体或其下属部门，其成员聚集式地生活和工作，经常是在同一或者相似行业内。1949 年中华人民共和国成立后，单位制创立。1978 年约 95% 的中国人属于单位。1998 年朱镕基总理宣布减少福利分房。如今，政府不再允许单位为员工购买住房。

户口
1958 年户口登记制度被采用。户口是可控制移民的一种行政工具。每个中国人都有一个登记的户口并在其出生地享受医疗、保健和教育等权利。但如果搬迁，这些权利就会丧失。

城市（农村）居委会
委员会监管社会活动和各单位内部的日常需求。当地政府任命委员会。

小区
标准化住宅区（以前一般指生活区域并靠近或坐落在单位所在地附近），一般有数百至数千居民。

社区 / 新小区
以地理区域为基础的社会群体。并具有共同的意识和生活方式，居民之间有较密切的交往等特征。社区存在于城市区域，可包含一个或多个小区。社区是公民参与的社会机构。社区模型代表国家和城市共同体之间关系重组的尝试。随着单位等社会机构的减少，社区本应激励居民参与和自理，以减轻国家某些责任。在 20 世纪 90 年代，为了重组城市住宅社区，中国掀起中产阶层“社区建设”运动。城市应类似于村庄的集合。

超级街区
大尺寸的空间单位往往类似于小区。这些超级街区绝大多数由增加基础设施或用自然边界如水、街道等来隔绝。

直辖市
上海在 1928 年成为特别市。特别市的地位与省一致。

市辖县和市辖区
上海直辖市划分为 17 个市区和 1 个县。市辖区通常具有城市特征，居民一般持有非农业户口。市辖县的居民一般持有农业户口（除县政府所在地的居民）。近年来，许多县被划入区范围并且居民的户口也相应改变。区和县进一步分为乡、镇及村（与小区相似）一级行政单位。

镇
镇或乡都是行政单位，一般指空间单位或者自然形成的村落。

城市
城市是一个行政单位，往往与空间单位或自然生长的村落不谋而合。

新市镇（国际新城研究所的定义）
在特殊的历史时期，由于明确的意识行为而形成的聚落，根据事先规划而类似于地方社区和独立地方政府，以独立运作为目标，能够在其所在区域的持续发展中发挥作用。新市镇区别于传统聚落，并揭示自我壮举和发展承诺。不具有老城区的问题，它们可理想化地获得成功。

新市镇（上海式定义）
约 5 万 ~ 50 万居民并在短期（一般几年）内规划和建造的行政单位。这个规划的聚落围绕特别经济基础（一个主要工业、一所大学或旅游点）而建造。目的在于阻止城市蔓延和保护农村土地合理使用，并为外省农民工和上海当地拆迁户提供居住场所。新市镇或多或少意为独立运作并成为“全球整合都市区域”的补充部分。

新城（上海式定义）
与“新市镇”定义类似，但居民人口 50 多万人。在多数例子中，新城是区或县政府所在地。

新村（上海式定义）
与“新市镇”定义类似，但居民人口 1 万 ~ 5 万人。新村可以是一个自然整体（自然村），或者行政官僚实体。

卫星城
“二战”后不久，上海周边建立了几个卫星城。它们都建立在重工业的基础上并经历大量的通勤。绝大多数卫星城在空间和功能上仍然与“母城”相衔接。

多中心的城市领域

约翰·弗里德曼：“尽管城市的属性越来越多的，多中心的城市领域仍然包含一些农村的素质。在这里和那里，集约化农业在工厂和公寓楼的阴影下延续，旧式集体财产也在经济股份合作制的形式下维持。”（摘自：《中国的城市变迁》，明尼苏达大学出版社，明尼阿波利斯，2005）。

整合全球都市区域

据世博园区总规划师吴志强介绍，这是萨斯基娅萨森“全球城市”的必然后果。

中心城

位于外环线以内地区。中心城的人口密度相当集中；有些地方每平方米超过 5 万人。上海直辖市 2300 万居民中有一半居住在中心城区以外。中心城以外的地区经济产出与中心城市的产出几乎同等。制造业转向先进服务业和国际贸易的结果，中心城区成为新中产阶层的专属领域。

土地使用

1986 年的土地行政法（1998 年更新）保持社会主义公共土地拥有，包括土地资源的保护和发展。所有土地属于国家并允许出租开发。土地使用决定和政府收入取决于规划的程序。当前土地使用权为 40 ～ 70 年。中国法律没有规定农民住宅集体土地的使用。

中产阶层

在韦伯式社会经济用语中，中产阶层是在社会和经济中较明显的一个团体，介于工人阶级和上层阶级之间。就马克思主义而言，中产阶层通常指的是精英阶层，一个拥有资本所有权和以消费为特点的社会阶层。据中国社会学家刘欣介绍，中国新崛起的中产阶层用其财产所有权、政治权力、市场能力和人力资本来区别于他人。上海自 1979 年以来这一阶层的份额约以每年 1% 的速度在增长。今天约 35% ～ 45% 的上海人属于中产阶层（约 34% 的中产阶层和 4% 的上层中产阶层）。

拆迁安置

为了获得更多的土地并刺激经济增长，市中心和周边镇每年平均需拆除 7 万幢楼。拆迁户根据个人情况可得到金钱补助和在新城购买福利房。但是选择往往被限制在几个地点。

简历
Biographies

单位

哈利·邓·哈托格 荷兰籍的城市设计师和评论家。他毕业于荷兰鹿特丹建筑和规划学院，在多家荷兰设计公司工作，具有丰富的实际设计经验。2004 年设立城市语言工作室（www.urbanlanguage.org）并参与研究城市与郊区关系、城市化、萎缩、公共空间和全球化等发展课题。2006 年出版《远郊——居住在城市之外》一书着重研究近代荷兰农村城市化发展。2000 年以来，他每年拜访中国并见证 10 年来中国城市化进程的巨大变化。近来在上海和鹿特丹两地工作。

郑时龄 中国建筑和规划界的重要专家。荣任中国科学院院士和法国建筑科学院院士。毕业于同济大学建筑学专业。曾担任同济大学建筑和城市空间研究所教授及同济大学副校长，2010 年上海世博会的顾问。长期从事建筑设计理论研究工作。撰写《建筑理性论》、《建筑批评学》、《上海近代建筑风格》等专著。积极参与建筑创作实践活动并设计了大量重点项目。

姜珺 中国的设计师和评论家。他授课于广州美术学院。作为一个设计师和评论家，他从事城市和实验研究，并探讨设计现象和城市之间的动态关系。他创立的下划线工作室创建了《城市中国》杂志——一家上海的有关城市主义的杂志和其研究工作，并曾兼任该杂志主编。同时他也参与一系列重要的国内外展览活动。

李翔宁 上海同济大学建筑与城市规划学院副教授兼院长助理，国际活动负责人和《时代建筑》杂志客座编辑。2006 年美国麻省理工学院访问学者，讲授中国当代建筑与城市课程。2009 年美国洛杉矶 MAK 艺术和建筑中心研究员。曾在多家大学和学术机构演讲。还任 2007 年深圳双年展策展顾问，歌德学院系列论坛和展览的策展人，上海当代建筑文化中心和博物馆的馆长，2013 西岸双年展策展人，2013 深圳双年展策展人。

廖维武 香港大学建筑学院的副教授。自伦敦 AA 建筑学院毕业后，曾在英国、马来西亚和中国有过建筑实践。他的专业领域在于当代中国城市学、城市类型学演化设计和后广普城市等。曾在多家杂志上发表文章。曾任《AD：新都市中国》和《世界建筑》（香港回归后 10 年：1997—2007）客座编辑。1997 年参与英国 BBC 节目关于珠江三角洲快速都市化发展的研究工作。同时，积极参与国际性策展活动，包括 2006 年威尼斯建筑双年展，2007/2009 年深圳—香港双城建筑及规划双年展和 2008 年在纽约摩天大楼博物馆的展出。

藤田麻里 现任哥伦比亚大学建筑和园林学院助理教授，也是温哥华 Fujitawork 设计实践创办人。她在哥伦比亚大学完成建筑和艺术史学士学位，后在普林斯顿大学建筑系获得硕士学位。作为一名建筑师曾在纽约和柏林工作。她的研究侧重于全球主义对空间和文化的影响；设计工作室和研讨会主要探讨温哥华城市化领土理念和新兴城市化形式及其他城市快速发展的经历。她曾合作编辑了 *Vancourver Matters*，该书以温哥华为背景和流程，考查了其具体物质条件。她曾荣获过多个设计奖项，包括普林斯顿大学 Susan Kolarik Uderwood Prize 奖的设计优秀奖。

周静 2004 年在中国天津大学建筑和城市规划院完成学士学位，后在荷兰 Delft 大学深造城市学。她的硕士研究课题是北京历史旧城的可持续性改建。以优异的成绩获得硕士学位后，继续在 Delft 大学（城市设计——理论和方法）攻读博士学位，并开始从事中国和欧洲新城的对比研究。她也是荷兰国际新城研究所的研究员之一。

马冉·纽恩豪斯 出生于荷兰，是英国著名的华威大学政治和国家关系系的博士生。他跨学科分析中国城市景观的空间转化。主要研究政治、哲学和城市地理的相互联系。

陈泰明 上海著名的摄影师之一。他成长和生活在普陀区——上海中心城区人口最密集的地区之一。在老城区大片拆迁开始之前，他就开始了摄影生涯。1990 年他见证了年轻时居住的街区被拆迁的全过程，取而代之的是辉煌城市——一个高楼大厦的新组合。他的作品以日常生活为主，侧重居民在新旧街区的生活。

理查德·罗兰 定居英国的摄影师。他曾参与由英格兰艺术委员会资助的摄影和视频项目，研究中国东部欧洲风格新兴城镇的超现实发展。该摄影和视频作品于 2010 年夏天在威斯敏斯特大学和伍尔弗汉普顿的 Light House 新闻中心展出。

出版说明
Colophon

www.urbanlanguage.org
www.010.nl
ISBN 978-90-6450-735-9

本书由国际新城研究所，荷兰代尔夫特大学建筑与城市学院，荷兰视觉艺术设计和建筑基金，荷兰建筑基金，上海远东建筑中心，上海同济大学和 Van Eesteren-Fluck & Van Lohuizen 基金会大力支持。

特别鸣谢

郑时龄撰写前言

Lisa Bate，Ashok Bhalotra，Augusto Cagnardi，陈朝，周丽辉，Johannes Dell，Prof. Meinhard Von Gerkan，Peter Head，Ulf Ranhagen，Paul Rice，郑时龄，孙继伟，Michael Trieb，Rob van der Velden，Ben Wood，伍江，吴志强，刘欣，陆渊，李小勇，李玥，孙晓萌，张亚静，孟岩与所有当地居民，房地产经纪商，开发商和政府人员接受采访

Giel Groothuis，Viktor Oldiges，Peter Sailer 提供参考信息

蒋立秋，卢林林，林群，王洪武，王茵，张志伟协助市场调查

Antonella Bergamin (Gregotti Associati International)，Wouter Bolsius，Atkins Global，AS&P，B+H Architects，Eté Lee et Associés Architectes et Urbanistes，gmp，Kuiper Compagnons，Arup，Bjoern von Randow (ISA)，Sweco Architects，黎诗话，Rogier van den Berg，Atelier Dutch 制作插图和信息

李翔宁 (同济大学)，Han Meyer (代尔夫特大学建筑与城市规划学院)，Michelle Provoost (国际新市镇研究中心) 和 Els Zheng (城市语言) 的支持和建议

市场调查和文字：Harry den Hartog.

撰文：姜珺，李翔宁，廖维武，Mari Fujita，Marijn Nieuwenhuis，周静，Harry den Hartog

项目管理：Els Zheng

地图和图表：Harry den Hartog，胡拓夫，任少峰，张鹤

英语翻译：陈恒，Billy Nolan

中文翻译：李玥，孙田，杨红茜，张宜轩，Els Zheng，邹丹曦

书籍设计：Studio Joost Grootens/Joost Grootens，Arthur Roeloffzen，Barbara Hoffman，Annemarie van den Berg，Manuel Di Tolve

印刷：Lecturis，Eindhoven

图片来源：

奥雅纳：p.42；p.121；p.149
AS&P：p.166
荷兰工作室：p.43：7，9.
英国阿特金斯设计工作室：p.45；p.52；p.162；p.163：41
D. Bray，中国城市社会空间和治理，2005 年：p.219：4
长春电影画报，1960 年第 10 期：p.16
陈泰明：p.21；p.25；p.29:36；p.103；p.106：A；p.205：5；p.233-280；p.304：12
中国建筑出版社：p.17：16，20；p.224
人民画报，1968：p.16
法国翌德国际设计机构：p.44：11.
姜珺：p.33：2，3；p.34；p.35：6，9；p.36；p.37：15；p.40
格雷高蒂国际建筑设计公司：p.48；p.49；p.111；p.115：A；p.150；p.163：38
广州市城市规划设计勘探研究学院：p.43
Harry den Hartog，城市语言：p.14-15；p.17：17-19；p.18-19；p.20；p.22-23；p.28；p.26-27；p.44：B；p.50-51；p.53-55；p.59-61；p.63；p.64-65；p.67；p.69；p.71-73；p.74-75；p.77；p.79-81；p.83-85；p.87；p.89-93；p.95；p.97-101；p.103；p.105-109；p.111；p.113；p.115：B；p.116-119；p.125；p.127-129；p.135；p.136：B；p.137-139；p.141；p.143；p.145；p.152-153；p.158-159；p.164-165；p.172-173；p.181：11，12，16；p.186：21；p.205：3，4；p.207：7-9；p.208-209；p.211：10，12，13；p.212：14，p.213：15-19；p.214；p.227：6-8；p.230-231；p.282；p.284；p.296：12；p.286；p.287；p.288：20，21；p.290-291；p.292；p.293；p.293；p.294；p.296-299；p.301；p.302；p.303：10，11；p.304；p.305；p.306-307
德国 ISA 国际设计集团：p.157；p.163：39
高柏公司：p.42：5；p.43：8；p.161：32，33
G. Lanning & S. Couling：p.10：3
廖维武：p.179：3；p.181：14，15；p.184：23
李翔宁：p.169；p.171；p.276
马达思班：p.44：11
Mari Fujita：p.225；p.228；p.229
蒙嘉民：p.126；p.285
南京大学出版社：p.39
北京故宫博物院：p.221
Frank P. Palmer：p.56；p.59：B
上海画报出版社出版：p.10：1，2；p.11
人民日报：p.36:10
Richard Rowland：p.187-202
上海社会科学院出版社：p.283
六度建筑设计公司：p.163：42
松江规划局：p.204
N.S. Steinhardt (中国皇朝城市规划，1999 年)：p.219：1，2
Sweco Architects：p.48:18；p.156：28；p.161：31
王世龙：p.37：13
Wikimedia Commons：p.168；p.174；p.178；p.179：4-8；p.180；p.181：13；p.183：18-22；p.184：24；p.185；p.186
Studio Ben Wood：p.160
张新民：p.33：4
Els Zheng：p.182
周静：p.205：5；p.207：6；p.211：11
封面照片 / 陈泰明
所有图片和插图未注明出处，皆来来源于公共领域。